现代医院档案管理与资源开发利用

曾静钰　尹声声　陈雪漫◎著

吉林文史出版社

图书在版编目（CIP）数据

现代医院档案管理与资源开发利用 / 曾静钰，尹声声，陈雪漫著. — 长春：吉林文史出版社，2023.1
ISBN 978-7-5472-9217-4

Ⅰ. ①现… Ⅱ. ①曾… ②尹… ③陈… Ⅲ. ①医院—档案管理—研究 Ⅳ. ①G275.9

中国国家版本馆CIP数据核字（2023）第008743号

XIANDAI YIUAN DANGAN GUANLI YU ZIYUAN KAIFA LIYONG

书　　名　现代医院档案管理与资源开发利用
著　　者　曾静钰　尹声声　陈雪漫
责任编辑　陈　昊
出版发行　吉林文史出版社有限责任公司
地　　址　长春市福祉大路 5788号
印　　刷　北京四海锦诚印刷技术有限公司
开　　本　787mm×1092mm 1/16
印　　张　11.75
字　　数　265 千字
版次印次　2024年7月第1版　　2024年7月第1次印刷
定　　价　52.00 元
书　　号　ISBN 978-7-5472-9217-4

前　言

医院档案是医院管理工作中最原始的记录，在医院档案管理工作中，需要确保医院档案收集、整理、立卷、归档、利用和销毁等一系列行为的有效衔接，确保档案管理的规范性，提高档案管理质量，进而充分地利用档案信息资源，加快实现对医院档案的开发和利用，使医院档案更好地为医院建设提供优质的服务。

本书以"现代医院档案管理与资源开发利用"为选题，探讨相关内容。全书共分为六章，第一章是现代医院及管理模式，阐述了现代医院的基础知识、组织架构、发展规划、管理新模式；第二章解读现代医院档案作用及管理流程，内容包括对档案的深刻理解、医院档案与医院管理的关联、医院档案管理模式及改进策略、医院档案管理业务流程优化；第三章分析现代医院后勤与设备档案管理，内容涉及现代医院运输管理、器械档案管理、房产建筑管理、设备档案管理；第四章论述现代医院科研与人事档案管理，内容涵盖现代医院科研档案管理、诊疗档案管理、病历档案管理、人事档案管理；第五章探索现代医院档案资源开发利用及策略，内容包括档案资源开发利用概述、医院档案资源开发的价值体现、医院档案资源利用的有效策略；第六章通过现代医院档案资源开发利用的实践思考，论述病历档案资源开发利用体系的构建研究、医院科技档案资源开发利用工作的思考、医院综合档案室信息资源的开发和利用、传染病专科医院档案信息资源开发利用。

本书体系完整，视野开阔，层次清晰，系统明了，基于现代医院管理的基本理论，逐步探索现代医院档案管理与资源开发利用的新方向，可供读者参考，并为理论研究者的进一步研究提供基础。

笔者在撰写本书的过程中，得到了许多专家、学者的帮助和指导，在此表示诚挚的谢意。由于笔者水平有限，加之时间仓促，书中所涉及的内容难免有疏漏之处，希望各位读者多提宝贵的意见，以便笔者进一步修改，使之更加完善。

作者

2022 年 8 月

目　录

第一章 现代医院及管理模式

第一节 现代医院的基础知识

随着现代医学的发展和科学技术广泛地向医学渗透，医院①的任务不断扩大，现代医院就是由现代设备装备的，具有现代化建筑，能体现现代医学发展的特点，以一支开拓型和智力型的医学科学和科学技术队伍，为病人提供及时、安全、经济、正确、有效的医学服务以及舒适生活的服务机构。

一、医院的性质

我国医院的基本性质是治病防病和保障人民健康的社会主义卫生事业单位，必须遵照党和国家的卫生工作方针、政策和政府法令，为人民健康服务，为社会主义现代化建设服务。

医院是社会物质文明和精神文明建设的组成部分。医院不外乎非营利性医院与营利性医院两类。非营利性医院是指政府出资开办的医院、某些社会团体和慈善机构筹办的医院；营利性医院是指私人医院。当然，非营利性质的医院不等于没有节余，而是将节余用来发展医疗卫生事业。医院具有保护生产力的作用，即保障人民健康的社会生产性质；同时，作为卫生福利事业，它的服务方向、方针、政策、政治思想等意识形态则属于社会上层建筑，这就是由不同的社会制度所决定的医院的特殊社会性质。

医院按其业务性质，全面的称谓应该叫作医疗预防机构。医疗和预防是一个完整的概念，现代医学科学技术的发展，要求医疗和预防形成统一的、完整的体系。

---

① 医院是以防治疾病为主要任务的医疗预防保健机构之一。它是对公众或特定的人群实施治疗预防的场所，备有一定数量的病床、相应的医务人员和必要的设备，通过医务人员的集体协作，达到对住院或门诊病人实施科学的和正确的诊疗目的的医疗卫生事业机构。

二、医院的地位

医疗是人类生活的基本需要之一，医疗工作关系到人们的生老病死，涉及社会的千家万户和民族的繁衍昌盛。医疗卫生事业是国民经济向社会提供医疗保健服务的一个非物质资料生产部门，在整个国民经济发展中有其不可替代的作用。

医院作为整个卫生工作中的重要组成部分，具有举足轻重的地位。目前全国绝大多数的医务人员在各级医院工作，说明我国绝大部分医疗工作是通过医院来进行的。因此，充分发挥医院的作用，把医院管理到位，是医院管理工作者的责任。

三、医院的工作特征

第一，医院工作必须"以病人为中心"。医院工作必须从保障人民健康出发，一切为了病人，必须以医疗工作为轴心区分各项工作的主次、轻重和缓急，按照客观规律进行组织管理。

第二，提高医疗质量是医院工作的永恒主题。医院的服务对象是病人，关系到病人的安危，因此必须十分重视医疗质量工作，进行严格的质量管理，不断提高医疗服务质量。加强医院质量管理的内涵主要靠提高医疗技术水平、管理水平和加强医院职工全心全意为病人服务的医疗作风和职业道德水平。

第三，医院工作科学技术含量高。医院是以医药卫生科学知识和技术为手段与疾病做斗争的科学技术机构。医学科学技术工作所要解决的主要问题是既繁又杂的疾病诊断、治疗问题，而病人又是一个十分复杂的机体。这就要求医务人员具有全面的理论知识、熟练的技术操作能力和丰富的临床经验，才能胜任医疗任务。现代医疗工作科学技术含量非常高，新技术发展日新月异，医疗设备更新迅速。

第四，医院医疗工作随机性大、规范性强。病人病情千变万化，各有特点，个体差异大，因此，医疗工作随机性大，针对各种急危重症病人的抢救任务工作重，医务人员必须进行及时、准确、严密的处理。同时，在医疗工作程序上、技术操作上必须有严格的规范，一丝不苟。必须全面对待规范与随机、标准与非标准的关系，具有随时能够应付意外情况等突发性事件的能力。

第五，医院工作必须争分夺秒。在工作时要有强烈的实效意识，时间就是质量，时间就是病人的健康和生命，既要求及时、准确地诊断、治疗、抢救，又要求不间断地进行观察、治疗。工作具有连续性，长年日夜不断。

第六，医院要全方位服务。医院对病人不仅提供诊疗服务，而且要科学地安排看护病人的生活，做好生活服务，实际上这也是医学服务的一部分，如生活护理、精神护理、营养环境等。这些工作主要由护理人员完成，由后勤人员提供支持。

第七，医院医疗工作是脑力劳动，主要是运用医学知识和技术来诊治疾病，是一种复杂的创造性劳动。脑力劳动主要靠医务工作者的积极性、主动性和创造性，这就要调动内在动力，提供发挥业务专长的机会，给予医务工作者学衔、职称、学术荣誉以及在工资待遇上体现按劳分配等。

第八，医院与社会的联系广泛密切。医院工作与广大人民群众和社会各部门有各种联系，医疗服务面广，服务对象包括社会各界、各行各业、男女老少。医院应尽量满足社会医疗要求。另外，医院工作受到社会的各种条件的制约，搞好医院工作也离不开社会各方面的支持。

第九，医院工作必须依赖法制。医院工作直接关系到人民的人身安全和切身利益，医务人员责任大、风险高，因此，在处理医院与人民健康的矛盾过程中，往往涉及法律责任问题；医院是从医学角度保护人民健康和生命的，当社会上发生人身伤害时，医院有责任从医学上提供有关的法律依据。

第十，医疗消费是一种特殊的经济活动。医院参与的经济活动，既是有关保障人民群众健康和保护社会生产力的健康投资，同时又参与商品交换和流通。医院要始终坚持为人民服务的宗旨，把社会效益摆在首位，以提高人民健康水平为中心，在保障广大人民群众基本卫生服务的前提下，拓宽服务领域，提高服务质量。

四、医院的任务

因为医院对病人的生命和健康负有重大责任，医院的任务是以病人为中心，在提高医疗质量的基础上保证教学和科研任务的完成，并不断提高教学质量和科研水平。同时做好扩大预防、指导基层的技术工作。

医院的基本任务包括：①医疗工作是医院经常性的中心任务，是医院的主要功能；②预防和社区医疗服务；③教学任务，医院是培养各类医疗技术人才的教学基地；④科研任务；⑤其他任务，如医院在发生战争和特殊自然灾害的情况下，负有医疗抢救的重要使命。

第二节 现代医院的组织架构

医院的组织结构是为实现医院医疗活动及发展目标而设立的一种分工协作体系。各医院可在满足基本标准的情况下，根据医院实际和外部环境建立符合自身特点的组织结构形式。按组织管理学相关理论，医院的组织结构形式如下：

第一，直线制。直线制是早期比较简单的一种组织形式，从上到下实行垂直领导，下属部门只接受一个上级的指令，各级负责人对所属部门的一切问题负责，适用于规模小、技术简单的组织。

第二，职能制。职能制是指除组织领导者外，还设立一些职能机构或人员，协助领导者从事职能管理工作。领导者通过授权把相应的管理职责和权力授予相应的职能部门，各职能部门在自己的权力范围内向下级部门或人员安排和指导工作。

第三，直线职能制。直线职能制组织结构是运用较为广泛的组织形态，是直线制和职能制的结合体，它以直线为基础，在主管之下设置相应的职能部门，实行主管统一指挥与职能部门参谋、指导相结合的组织结构形式。

第四，事业部制。事业部制是组织内独立管理、独立核算的组织结构形式，如成立独立运营的临床中心，可以提高积极能动性，促进该科室的快速发展；但事业部制过多也会导致职能机构重叠，增加管理成本等问题。

第五，委员会制。委员会是指各类相关人员就某一特定问题进行讨论或商议决策的组织，常见的委员会有董事会、工作委员会等。委员会制可以加强各部门之间的合作，调动积极性，但同时也会增加时间和经济成本。

第六，矩阵制。矩阵制是指组织内部既有垂直管理部门，又有横向管理关系的组织结构。矩阵制是通过改进直线职能制横向联系差的缺点形成的组织结构形式，加强了各垂直管理部门之间的沟通和配合。

现实中，一个医院的组织结构可能兼有以上多个组织形式的特点，同时整合、归并相关科室和部门，以更好地推动医院各项工作的落实。

第三节　现代医院的发展规划

随着我国医疗环境的变化，医疗行业的竞争日益加剧。一个医院要保持持续的竞争优势，必须制订出符合外部环境和内部情况的医院发展规划。医院发展规划要求院长在医院管理中，发展思路清晰，明辨目标愿景，依靠核心要素，紧扣管理主线，抓住杠杆支点，系统有序推进，使医院管理比其他医院更快、更有效。

医院发展规划以目标愿景为导向，制定出明确的实施纲领与步骤，通过一个周期的系统实施与努力，让目标成为医院管理与发展的现实。医院发展规划可分为总体规划、具体业务规划、职能部门规划三个层次。对于院长来说，最为重要的就是医院总体规划，这是核心，也是根本。

一、医院发展规划的特性

医院发展规划就是医院为了实现组织目标，根据外部环境变化和自身资源优势而制定的全局性、方向性、长远性的谋略。或者可以将医院发展规划理解为确立医院的宗旨和长期目标，以目标来指导医院的经营，并在过程中根据情况来不断调整具体的经营活动方式和资源配置方式而实现规划目标[①]。

医院发展是成长、壮大的过程，其中既包括量的增加，也包括质的变化。医院发展也需要谋略，在医院发展过程中，具有整体性、长远性、关键性、竞争性和稳定性的谋略规划就是医院发展规划。医院发展规划有五个特性：

第一，整体性。整体性是相对于局部性而言的，医院发展规划是对医院的各项经营活动的整体规划。它不是各项经营活动的简单汇总，而是在综合平衡的基础上确定优先发展项目，权衡风险大小，并为实现整体结构和效益的优化而进行的全面规划。

第二，长远性。长远性是相对于短期性而言的，医院发展规划要着眼于未来，对较长时间内医院如何生存和发展进行统筹规划，以实现其较快发展。面对激烈复杂的医疗市场竞争，任何医院若没有前瞻性的规划部署，其生存和发展就要受到影响。从另一方面看，长远性就是医院规划的整体性特征在时间概念上的表现，它直接关系到医院的未来和

---

① 规划目标是长远发展中的一个个阶段，一个个里程碑，是一个过程、一个标志。

发展。

第三，关键性。关键性是相对于次要性而言的，只有在管理活动中认清医院发展的重点问题和根本性问题，分清主次，抓住决定医院未来的关键因素和环节，才能正确把握医院发展规划。

第四，竞争性。竞争性是相对于常规性而言的，医院发展规划应当具有善于适应环境变化而适时调整的功能和改造环境的功能。

第五，稳定性。稳定性是指医院的一切工作应以稳定为前提，医院的各项工作都在稳步发展过程中，使得医院有更好的发展。

二、发展规划的医院目标

（一）规划目标的重要性

规划是确定医院长远发展目标，并指出实现长远目标的策略和途径。规划确定的目标必须与医院的宗旨和使命相吻合。医院发展规划目标是对医院发展某一个阶段医院运营活动预期取得主要成果的期望值，是一组可测量的资料，是一种远景的量化值，是某一个时段、某一个过程或某一个方面的总体工作要求。医院发展规划目标的设定，是医院宗旨的展开和具体化，是医院宗旨中确认的医院运营目的、社会使命的进一步阐明和界定，也是医院在既定的规划活动领域展开规划活动所要达到水平的具体规定。

规划目标与医院其他目标相比，具有以下四方面的特点：

第一，宏观性。规划目标是一种宏观目标。它是对医院全局的一种总体设想，它的着眼点是整体，是从宏观角度对医院未来的一种较为理想的设定。它所提出的是医院整体发展的总任务和总要求，它所规定的是整体发展的根本方向。

第二，长期性。规划目标是一种长期目标。它的着眼点是未来和长远。规划目标是关于未来的设想，它所设定的是医院员工通过自己的长期努力奋斗而达到的对现实的一种根本性的改造。规划目标所规定的，是一种长期的发展方向，它所提出的是一种长期的任务，是要经过全体员工相当长时间的努力才能够实现的。

第三，相对稳定性。规划目标既然是一种长期目标，那么它在其所规定的时间内就应该是相对稳定的。规划目标既然是总方向、总任务，那么它就应该是相对不变的。这样，职工的行动才会有一个明确的方向，大家对目标的实现才会树立起坚定的信念。

第四，全面性。规划目标是一种整体性要求。科学的规划目标，是对现实利益与长远利益、局部利益与整体利益的综合反映。科学的规划目标虽然总是概括的，但它对人们行动的要求，却又总是全面的，甚至是相当具体的。

（二）医院发展规划目标的科学原则

1. 坚持"以人为本"的原则

人力资源是医院资源中最为活跃和最为重要的因素，是第一资源。"以人为本"就是要把"人才强院"规划作为发展的根本性规划，把满足人的全面需求和促进"人性化"的发展作为医院发展的根本出发点和落脚点。众所周知，医院发展主要依靠医院科研来推进，医院科研是极富创造性的科学活动，需要大批具有创造力的科技人才。只有依靠出色的科技人才，才能发现新的理论，提出新的概念，产生新的发明。

"以人为本"的原则强调在医院管理过程中注重对人的开发激励，调动人的积极性，挖掘人的潜力，并要求管理思想从尊重人、保护人、激励人的角度出发，让医院的制度去适应人，并在以劳动契约和心理契约为双重纽带的组织与员工的合作伙伴关系中，突出员工职业生涯的设计。

2. 坚持"明确可查"的原则

医院发展规划的宏观性和综合性，决定了规划目标的概括性，但这种概括性又必须是明确可查的。目标具有导向作用，同时又应具有在时间和标准上可度量的特点。这样的发展规划目标，不仅指明了医院发展的方向，而且规定了各个时期的规划任务，并为制定发展措施提供了依据，同时对于各个阶段与目标的差距一目了然。

（1）明确的完成时限。医院发展规划目标，是在一个特定时间区段内医院发展需要达到的状态，也就是医院要成为什么样的医院。在某一时期内，该状态的确定要以卫生需求为依据，与国家的总体目标相适应。

医院发展规划目标的确定，一定要审时度势，抓住卫生体制不断探索、深入发展的历史机遇，着眼于新的挑战，变临时性、应急性的建设目标为有计划、有步骤的长远目标，紧紧围绕提供优质、廉价、安全的医疗服务中心点去设计医院发展的宏伟蓝图。因此，只有将长远目标和各个阶段具体规划相结合，明确界定各个阶段规划任务的完成时限，这样规划总目标就进一步提高了时间上的清晰度和明确性，有利于我们区别远近缓急，一步一个脚印地朝既定目标前进。

（2）明确可查的考核指标。可查性是目标明确的重要标志，没有明确的衡量标准，平时就无法评价目标的进展情况，最后也无法验证是否真正达到目标。所以，医院发展规划目标应明确可查，应体现在考核指标的明确性上，这需要进行广泛和复杂的量化工作。

第一，应该对医院发展的总量指标进行量化。医院是卫生体系的重要组成部分，其衡量值应该是一个综合指标。医院实力由多种因素构成，但从整体上可把这些因素分为两大类，即具有实体形态的"硬件"值和没有实体形态的"软件"值。

第二，应该对医院发展的效费指标进行量化，即对效能和费用进行比值量化。只有对医院实力进行较为客观的量化后，才能进行明确有效的考核。所谓"医院服务成本领先"规划就是指在医院为病人提供服务的过程中，以低费用耗费提供同质量服务或以等量费用耗费提供高质量服务，并在行业中取得领先优势。它是一个医院服务系统中首要的、普遍的、持久的计划和行动方向。采取医院服务成本领先规划应遵循的原则包括价值原则、动态原则、因地制宜原则。

3. 坚持"切实可行"的原则

目标是系统发展的定点。因此，目标的选择，要遵循切实可行的原则。在主观指导正确的前提下，可行性的基础是必要客观条件。规划目标对全局起指导和规定作用，实现切实可行的规划目标首先要在资金、资源上保障其可行。医院的经济实力是医院发展的物质基础，一个医院的经济基础决定了医院发展的潜在能力，也在一定程度上决定了一个医院发展的总体规模和发展速度。医院发展需要经济实力的支持，经济实力也会给医院的发展以强有力的制约。

三、医院发展规划的制定原则与实施

（一）医院发展规划的制定原则

作为医疗机构的组织架构按出资情况有医院、民营医院和混合制医院之分：按经营模式有营利性医院和非营利性医院之分；按规模有一级医院、二级医院和三级医院之分。医院能否建立和保持长期的竞争优势，关键在于其能否制定适合自身实力和环境要求的发展规划，并有效地加以实施。在这个过程中，遵循有效的、科学的规划制定原则是非常有必要的。

第一，坚持公益性原则。医院发展规划的制定必须坚持公益性原则，只有注重提高医院的社会效益，才能真正使医院在符合政府的规划、人民的希望中健康发展，真正让政府满意、病人满意、员工满意。

第二，适应环境原则。医院在制定发展规划时，应当非常重视医院与其所处的内外部

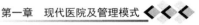

环境，特别需要关注外部政策环境的变化，找出内部环境中的优势和劣势以及外部环境中的机会和威胁，理清它们之间的关系，使医院能够适应、利用环境的变化，从而制定出适合自己的能够使医院长期发展的规划。医院必须设法主动地选择环境，改变甚至创造适合医院发展所需要的新环境，只有这样，才能在激烈竞争的环境中实现生存和发展。

第三，先进性与可行性原则。医院确立的发展目标必须具有先进性，但也不能遥不可及，应该是通过努力是可实现的，这是由组织目标的特征所决定的。医院的发展目标的先进程度决定着医院的知名度、影响力。有了先进的发展目标，通过切实可行的举措，不断变革，不断创新，不断进步，才有可能超越竞争对手。

第四，全员参与原则。医院发展规划不仅要求医院高层管理者的决策，同时也需要全体医务人员的参与和支持。在医院发展规划制定过程中，应充分听取干部员工的意见和建议，因为一旦医院发展规划确定以后，实施需要全体医务人员的理解、支持和全身心地投入，医院的发展规划目标才可实现。

第五，全过程管理原则。目前，医院发展规划的时间跨度一般在 5 年，在实施医院发展规划过程中外部环境和内部情况都很有可能发生变化，因此，全过程管理原则是一个非常重要的原则。医院发展规划要取得成功，必须对医院发展规划的完整过程来加以管理。医院发展规划的过程是需要不断在实践中检验的，如果没有实事求是的检查和评价，就不可能发现规划管理中的问题。

总之，医院发展规划的制定原则，涉及医院方方面面，而医院所处的环境又复杂多变，制定过程中必须遵循一定的科学原则，确保医院走可持续发展之路。

（二）医院发展规划的制订与实施

一个科学、合理、实际操作性强的发展规划是在医院发展目标的指引下，结合对医院外部环境（机遇与风险）和医院内部情况（优势和劣势）的全面分析，所得出如何实现医院目标的策略和方法。下面以上海大型医疗机构为例，将医院发展规划的制订分为四个阶段：

第一阶段：调查研究、初稿形成。上海大型医疗机构（三级甲等综合性医院和三级专科医院）在制订医院发展规划初期，上海申康医院发展中心（是由上海市人民政府批准成立的国有非营利性事业法人，是市级公立医疗机构国有资产投资、管理、运营的责任主体和政府办医的责任主体）会出台发展规划的指导性意见，按照申康医院发展中心的要求，医院成立医院发展规划领导小组、工作小组，医院发展规划工作小组将对前一个五年的战略规划的实施进行总结并予以横向、纵向比较，得出成功的经验和存在的问题，分析未能如期完成的规划指标；听取战略规划领导小组对战略规划的指导思想以及对战略规划框架的宏观思考；到各职能部门、临床医技科室就未来五年发展的需求进行调研，掌握国家、上海市政策层面的相关精神以及有关医改的措施等，用 SWOT 分析法对医院的优势、劣势、机遇与困难进行客观分析，确立医院未来五年发展的功能定位、目标，提出相应切实可行的创新举措以及所要达到的具体指标，将规划任务与指标分解到年度计划、年度预算。然后起草完成初稿。

第二阶段：酝酿讨论、听取建议。此阶段是为了多层次、多维度征求意见、建议，群策群力，需要经过四个程序，以科室为单位组织全体员工参与规划的编制与初稿讨论；针对初稿，组织医院退休老专家、老领导进行审议；邀请院外专家对初稿进行评议并提出修改完善意见；规划完成后报经医院党政班子集体讨论并报职工代表大会审议通过。

第三阶段：评估、反馈阶段。按照申康医院发展中心的惯例，医院完成上述流程后，申康医院发展中心会将所有医院集中在一起，并邀请医院管理及相关领域的专家、学者对每家医院的规划进行评议与意见反馈。

第四阶段：修改、定稿阶段。医院发展规划工作小组将对申康医院发展中心的反馈意见进行认真研读，一一对照并予以讨论修改，修改后再经医院发展规划领导小组审议，并由医院党政班子通过定稿。

总之，医院发展规划制订后，要付诸实施。由于已经将规划任务与指标分解到年度计划，那么在实施过程中每年均应按规划要求的年度任务与指标列入当年的年度计划并加以落实。但是，在实施过程中可能会出现一些不可预知的变化，为此仍须按规划的任务和指标要求付诸实施，对规划中的小部分予以重新评估，少数指标予以适当调整，这就是我们通常需要做的规划实施的中期评估，至规划期末再进行期末评估或总结。这样，使"五年规划—年度计划—年度预算"相互衔接，形成闭环管理，提高了规划的约束力与执行力。

第四节　现代医院管理新模式

一、医院管理的现代化发展

医疗行业的不断进步令现代化医院管理成为一种发展趋势。现代化发展不仅能够使医院管理变得更加规范，而且还能够大幅提高医院档案管理质量。现如今，在医院的高速发展进程中，医院发展的实际需求，促使医院的管理、档案工作的持续创新，通过对管理方式进行合理优化，能够实现现代化管理，从而促使医院管理的全方位发展。因此，有必要对现代化医院管理与医院档案管理进行研究。

（一）医院管理理念人性化

在医院管理中，需要面对的主要管理对象便是医务人员以及病患，现代化管理理念需要将以人为本作为基础，尽量满足医院管理对象的实际需求，从而确保能够在管理期间调动管理对象的积极性，提高管理效果。对于医务人员而言，作为给医院病患提供服务的主要力量，其工作积极性非常关键，所以在管理期间可以围绕以下三方面来加强医务人员的工作积极性：

第一，关心。关心是体现医院人文关怀的重点内容，通过加强对医务人员的关心，提高对医务人员的支持，能够抚慰医务人员的精神世界。而且通过对新进员工进行教育、引导、谈心，还能够促使新人快速成长，尽快成为医院中的核心人才。

第二，激励。激励主要是物质激励，通过帮助医务人员设置短期目标，提高医务人员的工作积极性。

第三，机制。机制是一种长期规范的制度，制定期间必须保证制度的科学性，并秉承奖优罚劣、公平公正的原则来不断完善制度，在医院中创造一个人人平等的发展环境。

（二）医院管理方式信息化

现如今，信息技术发展成为科技发展过程中的主要标志，医院管理想要实现现代化，就需要从信息技术入手，通过加强信息技术的应用，提高医院管理期间的工作效率，从而给医院带来更多经济效益。

为了保证医院能够持续掌握前沿管理技术，还应该通过构建信息平台帮助管理人员及时了解国内外的相关信息，从而提高医院的管理质量。就目前而言，我国医院的全方位信息化建设虽然已经取得了一定成效，但是依然具有非常大的发展空间。在信息化的过程中，需要通过提高覆盖面与信息源的方式来发挥出信息共享的作用，而已有的信息则需要同时作用在诊疗以及部门管理中，并在使用期间对医院管理中的战略性决策做出分析，保证决策准确性，以此来提高医院管理效果。

（三） 医院管理体制科学化

在医院管理过程中，管理体制应该积极落实院科二级负责制，通过这种制度来促使医院管理体系变得更加规范。在管理制度中，需要进一步明确院长的中心地位，促使院长的决策权力与责任得到落实，而党委需要保证各项决策的顺利执行，并通过监督来保证院长在决策过程中能够切实执行政府颁布的相关政策。副院长的主要责任是协助院长开展管理工作，其职位数量应该根据院长需求来决定，但是每一名副院长的工作分工不应该出现交叉的情况，而且还应该保证不同副院长知识结构的合理性，以此来保证每一名副院长都能够在自己的专业领域中发挥出自己的个人能力。

对于医院的职能部门而言，应该通过精简合并来避免出现职能交叉的情况，否则容易产生责任落实不到位的情况。医院管理制度在优化期间需要保证其合理性，确保能够结合医院的实际情况来提高管理的实际质量。

（四） 医院管理队伍职业化

在医院发展过程中，医院管理能力非常重要，医院管理作为与医疗技术门类不同的社会科学，能够帮助医院大幅提高管理能力。在医院中，管理队伍的重要性毋庸置疑，部分医院选择了专家型管理者，这部分管理人员具有极其深厚的医疗技术，是医院医疗队伍中的核心人才。

医院管理人员需要在管理期间面对市场经济为核心的发展环境，这种发展环境同样会令专家型管理者感到力不从心。由于专家型管理者往往需要在日常工作中兼顾医院管理与医疗业务，这种情况会导致其面对的压力大幅增加，从而导致精力受到严重影响。所以在现代化医院管理中，管理队伍职业化是一种提高医院管理水平的发展道路，有很多成功经验值得我国借鉴。结合我国当前的发展情况，管理职业化值得医院进行探索，作为一种中长期规划，通过确立目标以及实现途径，能够找出适合医院开展的有效方案，促使医院管理队伍得到优化。

在此期间，专家型管理人员同样可以发挥出应有的作用，通过对其进行约束，限制业务数量，能够帮助管理人员节约更多精力。为了保证管理队伍能够在工作中履行自己的职责，还应该限制其兼任科主任，而且在管理人员上岗之前，要通过加强培训，以此来保证医院管理效果。

二、医院社会工作实务模式

实务①模式是对特定领域实务工作结构性特征与一般性规律的概括、抽象、总结和升华，是特定领域实务工作发展到一定阶段和一定程度的历史产物，是实务理论最主要的表现形态。医院社会工作实务模式是医务社会工作者在医院、医疗机构和医疗照顾处境中，就某些领域或某类病人的社会服务形成的一套相对规范的专业服务模式、服务流程和工作方法的概括。

医院、医务社会工作实务模式多种多样，反映特定社会制度安排与文化价值观念，为医院、医务社会工作者提供可资参考借鉴的服务规范与流程。医院、医务社会工作主要实务模式如下：

第一，健康照顾处境分析与间接医务社会工作实务模式。该模式主要特点是注重特定社会宏观的医药卫生体制背景与健康照顾服务体系处境，本质上是一种宏观取向和侧重卫生行政管理的实务模式。该实务模式主要适用于宏观制度分析和卫生行政管理模式研究议题，拟解决的主要问题是确定制度框架的基本特征与核心问题，勾勒特定议题的制度化背景；主要服务对象是医疗照顾、健康照顾服务体系，而非个人；主要服务范围与内容是确定社会面临的主要健康问题，侧重制度框架设计与政策模式选择。

第二，跨文化与文化敏感的实务模式。该模式的主要特征是从比较研究的角度，探讨两个以上不同社会或文化的异同之处。跨文化含义是跨越不同文化，也包括一国内不同的文化。跨文化与文化敏感的实务模式适用范围广泛，不仅国际比较和跨国研究可以大展身手，而且对于一个国家内不同文化、不同行业、不同服务领域、不同时期和组织也同样适用。跨文化与文化敏感的实务模式拟解决的主要问题是发现不同文化的异同之处，并在参考、借鉴、比较的基础上总结目标文化的基本特征，以探讨适合目标文化的制度安排与福利服务体系。

第三，健康促进与健康教育的模式。该模式主要特点是通过健康沟通、健康宣传与健康教育活动改变服务对象的行为模式与生活方式，改善人们健康状况。健康促进与健康教育的适用范围广泛，病人、家属、亚健康人群、身体健康人群都可以使用。健康促进与健康教育拟解决的主要问题是改变目标人群的不良行为习惯和不健康生活方式。健康促进与健康教育服务范围广泛，内容多样，主体是健康沟通、健康教育与健康宣传等。健康促进

---

① 实务，又称为实践，既是多姿多彩社会工作服务与各式各样实践活动的总称，又泛指所有社会工作专业服务与实践智慧，等同于社会工作专业服务活动。

与健康教育的方法是健康沟通、健康教育、健康宣传、政策倡导和引导正确舆论导向等。医务社会工作者主要扮演健康信息传播者、健康教育者、健康宣传员和健康沟通协调者角色。

三、医院的"三结合"精益化管理模式

精益化管理①模式具有节能高效之优势，医院实施"三结合"精益化管理模式，可提升有限医疗资源的工作效率和医疗服务质量，从而促进医院的高质量发展并化解人民群众的就医矛盾。

（一）医院"三结合"精益化管理模式的内涵

医院"三结合"精益化管理模式就是结合国情、行业和院情，围绕"节能减耗、高效医疗、优质服务"三大核心任务，构建并实施权责清晰、管理科学、治理完善、运行高效、监督有力的现代医院精益化管理制度，从而实现医院的可持续和高质量发展。医院"三结合"精益化管理模式内涵丰富，主要有三点：

第一，精益化管理理念。以"精良"和"效益"为目标，将提高医疗服务质量和人民满意度作为立院根本，将精益化管理理念融入医院文化建设和医疗生产建设中，使之成为医院核心价值观的重要组成部分。

第二，"三结合"管理模式。医院引入精益化管理模式要注意"三结合"，即与中国国情相结合（如响应健康中国战略和国家卫生政策法规等）、与医疗行业特色相结合（如体现医院的"公益"性质和服务人民健康的行业使命等）、与医院院情相结合（如根据医院的所在地区、级别和部门情况有所侧重）。

第三，"三核心"工作任务。医院要紧紧围绕"节能减耗、高效医疗、优质服务"三大核心任务，着力降低管理成本、医疗成本和服务成本，促进医院可持续和良性发展。

（二）医院"三结合"精益化管理模式的实施策略

1. 加强医院精益化管理

医院将"三结合"精益化管理纳入工作规划，构建了"四位一体"的精益化管理组织机构（医院领导层—成本管理中心—部门科室—监督评价部门）。各部门职责明确，分

---

① 精益化管理是指以追求管理精益化和服务质量精益化为目标的现代化管理方式，通过生产节能增效和降低管理成本，最终实现企业可持续和良性发展。

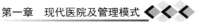

工清晰，形成了强大的工作合力：医院领导层（党委书记任组长）负责制定科学、客观和可执行的精益化管理政策，成本管理中心（管理成本控制中心、劳务成本控制中心、技术成本增益中心和物资成本增益中心）负责指导、辅助和督促所属部门和科室制订并落实具体的计划、方案和措施，监督评价部门（质控办和财务科）负责监督、考评和反馈工作成效。

2. 严格遵循政策的落实

医院在制订"三结合"精益化管理方案时，严格遵循了三大原则：

（1）目标逐级分解，层层细化。医院领导层制定医院总目标，成本管理中根据医院总目标制定二级目标，部门和科室根据二级目标制定三级目标，目标逐级分解、层层细化。

（2）方案符合实际，可执行、可操作。医院领导层制定总策略和总方向，成本管理中心审定部门和科室的方案和措施，部门和科室提出符合实际的措施和办法，监督考评部门建立公正、全面和客观的科学考评体系。

（3）评价客观科学，指标侧重。质控办和财务科按照"减耗增效、综合评价"的原则，制定科学、客观和全面的监督措施、考评办法，监督考评管理部门时指标侧重"减支节支"，监督考评医技部门时指标侧重"减耗盈余"，监督考评服务部门时指标侧重"双满意"（"减耗增效让医院满意、减负高效让群众满意"）。

3. 注重创新，探索经验

医院在实施"三结合"精益化管理的实践中，探索出了三大经验：

（1）管理精益。即制订方案时细化目标、实化任务和优化方案，使得方案具有精细性。

（2）措施创新。即拟定措施时充分调研、多方征询和集体研究，使得措施具有创新性。

（3）评价科学。即考评成效时全面、客观、有所侧重，使得成效评价具有科学性。

（三）医院"三结合"精益化管理模式的实施成效

第一，实施医院行政助理制，节约了人力资源成本。医院革新人才培养方式，开展行政助理制，采取了"党建+""依法治院""培训+交流""'三位一体'培养"和"项目策划"等措施，培养了大批"专业+管理"复合型人才，有效提高了人力资源的效用，节约了人力资源成本，提升了医院的管理效率。

第二，构建信息化医疗服务体系，降低了医疗成本消耗。近年来，医院注重信息化建设，充分发掘网络技术"及时、便捷、高效"的突出优势，建立健全医院管理信息系统，完成相关系统建设，低耗高效的目标为医院高质量发展注入了新的动力。

第三，开展"双满意"质量服务工程，提供了优质医疗服务。医院开展了"双满意"质量服务工程（患者对医疗支出满意、群众对服务质量满意）：①网络预约 App，缩短门诊预约时间；②联合诊疗信息系统，减少诊疗时间；③精准医疗服务制，减少住院时间和就医成本；④"爱心志愿"活动，为患者提供人性化和个性化服务。总之，医院"三结合"精益化管理模式具有"减耗增效""符合实际""高质发展"等诸多优势，是现代医院管理制度的有益参考。

四、医院多院区－体化管理模式

随着我国经济社会和城市化的加速发展，人民群众健康需求日益增长，许多医院纷纷以托管、共建、新建等形式，设立分中心、分支机构，建设分院区，使得优质医疗资源扩充、下沉。未来一院多区的发展模式将进入"多院区同质化管理"阶段，由"先做大再做强"转变为"先做强再做大"。

充分发挥高水平三甲医院的区域带动作用，合理布局分院区的优势专科配置，才能让优质医疗资源的布局更均衡，满足老百姓对优质高效医疗服务的迫切需求。"多院区一体化管理"① 模式探索思路如下：

（一）多院区一体化管理模式的基本目标与管理原则

第一，多院区一体化管理模式的基本目标：根据整体发展战略，统筹不同院区重点发展方向和任务，科学划分院区功能定位，按照"规模适度、做强学科、稳健经营、建设省级医院"的总体思路，形成"一院多区"② 协调共进发展格局。

第二，多院区一体化管理模式的管理原则：发挥党委领导核心作用，加强总院区集中统一领导，坚持党委领导下的院长负责制；完善党委议事规则、院长办公会议事规则，坚持集体领导、民主集中、个别酝酿、会议决定；保障总院垂直化、院区扁平化、医疗质量同质化，强化"全院一盘棋"思想，合理界定各院区权责关系，确保各院区高质量发展。

---

① 多院区一体化管理，即总院区向其他分院区输出人才、信息、技术、文化、运营、管理等各类资源，统筹医疗业务、人员调动、运营管理、物资采购等。

② "一院多区"指的是医院拥有两个或两个以上院区，主院区和分院区同一法人、人财物统一管理，医院拥有全部院区资产的所有权。

（二）多院区一体化管理模式的管理内容

1. 调整与优化分院区领导结构

重视顶层设计，调整优化分院区领导班子结构，从总院区党政班子中选拔分院区执行院长，创新分院区领导选拔机制。分院区设执行院长1名、副院长1~2名。

执行院长工作职责是在医院党委的领导下，全面负责分院区行政管理、后勤保障、医疗服务质量、市场开拓和公共关系等工作，确保分院区工作规范有序，防止各类事故发生；协助院长做好分院区的经营和经济管理工作；组织分院区建设发展规划和各项工作计划的制订、实施、检查和总结，定期向党委报告工作；领导分院区实行科学管理，统筹安排各项工作，定期分析医疗工作数量、质量情况，及时发现问题并提出改进措施；对分院区中层干部进行综合考核并提出意见，定期向党委汇报等。

2. 实行"大部制"

精简行政管理机构，采用垂直管理与扁平化管理相结合的职能复合型行政管理模式；做好"四统一"，即统一人员调配、统一财务管理、统一部署信息化、统一对外采购，实行总院区一体化管理。分院区行政科室为总院区派出机构，实行"大部制"，设置政务部、医务部、护理部。

以业务管理为核心，以满足医疗业务运转、保证医疗安全为目标，将具有相似职责的岗位划归一个科室，实行合署办公，接受总院区职能科室"点对点"和院区执行院长的双重领导。所有管理政策、业务流程与总院区保持一致，实现资源配置同质化。总院区行政科室负责人为第一责任人，全面负责总院区及分院区的相关业务工作。分院区行政科室派驻人员定期进行轮换，轮换方案由总院区行政科室负责人制订，报医院备案。

各分院区政务部设主任1名、干事3名，主要负责协助执行院长做好分院区医德医风、区域公共关系、突发应急事件以及分院区各部门综合协调等工作，涵盖政务、党群、人事、信息、财务、医保、后勤、宣传、保卫等非医疗业务职能。医务部设主任1名、副主任1名、干事2名，主要负责协助执行院长做好院区医疗质量、药事管理、疫情防控、医患调解等工作。护理部设主任1名、副主任2名、干事1名，主要负责协助执行院长做好院区护理质控、中医护理、院内感染、门诊服务等工作。

3. 赋能智慧医疗新局面

信息互联互通的运用水平，是体现多院区一体化管理成效的决定性因素之一。医院以互联互通标准化为引领，带动医疗运营服务全面智慧医院建设，促进医院高质量发展。

整合分院区原有各自独立的功能模块，建设智慧医院平台。完成公文运转、"三重一大"流程、设备购置论证、财务报销、干部请假等行政事务办理信息一体化，为精简管理提供支持。发挥信息化支撑引领，推动新一代信息技术与医疗服务深度融合，推进电子病历、智慧服务、智慧管理"三位一体"的智慧医院和信息标准化建设。

坚持以临床需求为导向，持续完善住院病历文书、检查和检验报告，优化临床决策支持系统推荐诊断及病历质控。推进移动操作，建设移动护理、移动医生和移动医院管理工作平台，全面实现医、护、技、管人员实时在线处理事务。完善预约诊疗制度，建立线上线下一体化的医疗服务新模式。推进金融"一卡通"项目，实现医保预约、挂号、诊间扣费及脱卡支付，为患者提供高效的医疗服务。

分院区开诊前提前进行信息网络布局，引入集成平台，做好总院区与分院区网络互联互通，共用一套专网、中心数据、信息系统。建立双向转诊、联合会诊、检查结果互认等辅助医疗服务，分院区的检验、放射、影像、心电诊断、病理诊断、病历审核等资料可传回总院区处理，同时支持跨院区患者信息互通共享，支持跨院区转诊、复诊、远程查房和会诊，实现各院区间互联互通、资源共享。

4. 跨院设科带动分院发展

随着医学技术的飞速发展，医技科室专业种类多、技术更新快、投入产出高，在医院建设与发展中具有重要的地位。除大型高精尖设备短期内不会在各院区进行配置外，基本的辅助检查设备均能配置到位。分院区医技检查科室基本属于跨院设科。

医疗质量与安全是医院发展的生命线，多院区医院的医疗质量控制风险更高，同质化医疗是多院区管理的重中之重。医院通过制定"统一制度、统一流程、统一标准、统一管理"的医疗质量管理模式，保障院区间医疗质量同质化目标。统一组织架构，采用垂直管理模式；统一质控管理，同步提升院区间诊疗能力与水平，同时考虑"因科制宜、因院施策"；统一人员管理，加强人员储备、培训及轮转；统一医疗服务流程及标准，实现双向转诊精细化管理；统筹建立信息系统，实现医疗质量管理信息化。

加强中医优势专科建设，强化临床路径与中医单病种质量管理，做优做强骨伤、肛肠、儿科、皮肤科、妇科、针灸、推拿以及心脑血管病、肾病、周围血管病等专科专病，形成诊疗方案，彰显中医药特色优势。

完善跨院设科，打破院区条块壁垒，运用系统思维做好科室拆分和整合，以专科发展带动诊疗能力和水平提升。试点开展学科能力评价，全面量化临床、科研、教学指标，为学科助力。深度优化调整学科专业布局，做好总院区和分院区科室设置。以满足重大疾病临床需求为导向建设临床专科，重点发展重症、肿瘤、心脑血管、呼吸、消化、感染、儿科、麻醉、影像、病理、检验等临床专科，贴近患者需求。

5. 强化医院发展的原动力

"医院文化建设是培育医院精神的核心，是医院的灵魂。"[①] 医院文化是医院的立身之本，是医院发展的原生动力。对于兼并重组的新院区，最困难的是医院文化的整合。医院的健康发展不能仅靠规模上的扩建，在确保医疗安全、保障医疗服务质量的同时，医院内涵建设更为重要，要提升职工的幸福感和归属感。医院通过完善组织管理，建立统一的医院文化建设管理机制，搭建全方位、立体化的文化建设平台，统一各院区文化建设的方向，推进医院文化建设管理的科学性、有效性，促进各院区物质文化、行为文化、制度文化、精神文化整合，提高医院运营管理效率。

（三）多院区一体化管理模式的成效

第一，各院区协同并进，绘制医疗新蓝图。在同质化医疗管理模式下，分院区与总院区专家共享、技术对接，各项运行指标远超预期目标，多项技术填补区域内医疗空白，在较大程度上优化了区域医疗资源配置。

第二，优化管理职能，提高工作效率。本着精简高效的原则，分院区行政管理实行"大部制"模式，避免了上下制度标准不统一、上传下达落实不到位的问题，有效提高了院区间的沟通效率，保障各项工作高效部署落实。各部门在分院区执行院长和总院区职能科室的交叉管理下，精简管理人员，实现了一岗多能、一人多专，有效降低了人力资源成本，提高了工作效率。

第三，医教研协同，学科集群发展，提高疑难重症诊治能力。

总之，医院几经探索逐步确定的紧密型多院区一体化管理模式，在保证医疗服务水平同质化的同时，人力成本和管理成本得到了有效控制，医院文化进行了有效融合，取得了良好的管理成效。

---

① 杨霞，顾爱花，谢雄彬. 医院文化建设传承发展的实践与探索 [J]. 中国医院管理，2020，40（12）：100-101.

第二章　现代医院档案作用及管理流程

第一节　对档案的深刻理解

一、档案的属性与演变

（一）档案的属性

档案的属性是指档案在社会中所表现出来的固有特征、特点。档案的这些特征、特点是多方面的，它既具备特有的基本属性——原始记录性，也具备许多文献资料共有的一般属性——信息性、文化知识①性等。档案的主要属性有以下三方面：

1. 档案的原始记录性

原始记录性是档案的基本属性，档案是人们从事社会实践活动的记录材料转化而来的，是历史的原始记录。它直接、客观地记录了形成者的真实活动情况，具有原始记录性。历史是怎样发展的，人们是怎样活动的，档案就怎样记载，所以无论从形式上或内容上都表现了记录性和原始性。

在形式上，档案直接记录和保留着原来活动的历史面貌，如发文原稿留有当时人的笔迹和签字、机关和个人的印信以及客观形象的照片、录像或原声的录音等，表现了高度的原始记录性和事实的确凿性；在内容上，无论是指示、通知、请示、报告等各类文件材料，都真实、客观地记载着当事人的思想、立场或当时活动的真实情况。因此，档案是真实、可靠的历史凭据，是查考历史事实最令人信服的依据和信证。正确认识档案的原始记录属性，对做好档案工作具有实际指导意义。

----

① 知识，是人类的认识成果，它来源于人们的社会实践，是人的主观世界对于客观世界的概括和反映。

（1）正确认识档案的原始记录性便于划清档案与图书、报刊及其他资料的界限。档案与图书、报刊等资料是有区别的。档案是原稿、原本的第一手材料，是一种文献；图书、报刊等资料是根据某种需要编写、收集和复制的，是二、三手材料。加强这方面的研究与比较，有利于区分档案与资料，重点保管好档案。同时，又要重视资料的收集和保管，以辅助档案的提供利用。

（2）正确认识档案的原始记录性，有利于认识档案与文件的联系与区别。档案是由历史记录或文件转化而来的，所以今天的档案就是"昨天"的文件，而今天的某些文件就是"明天"的档案。档案工作人员为了管好档案，必须掌握文件的来龙去脉，熟悉文件的内容和形式等各方面的特点。档案管理的许多方法都与文件的形成历史及文件本身的特点有关，所以档案工作者要下功夫熟悉和研究文件。

（3）正确认识档案的原始记录性有利于维护档案的真实面貌。档案是历史的真迹，后人不能按现时的观点和需要去改变档案。对于一切破坏档案原貌，随意勾画、涂抹、添加和剪裁档案的违法犯罪行为，档案工作者必须同其坚决斗争，以维护档案的真实面貌。

2. 档案的信息性

档案是一种信息，是国家信息资源的重要组成部分。一个机关的档案，记录着本机关开展工作或进行生产活动的信息。国家全部档案，记载着整个国家从古至今政治、经济、科学和文化等各个方面的信息。档案信息与其他信息一样具有一般信息的共性，即既可以扩充、浓缩、扩散、分享、替代等，也可以收集、传递、存贮、检索、处理、交换利用等。另外，它还有自己的特点：

（1）真实性。档案信息是用文字、图表、声像的方式将人类从事的社会实践活动直接记录在一定载体上，是原始的固定信息，能使事物的原貌和真相再现。因此，它以真实性为人们提供依据性、凭证性的信息，是"一纸千金"的无价之宝。

（2）中介性。档案信息是直接信息和间接信息的统一，处于"中介状态"。一方面，它不断存贮、积累信息；另一方面，它又是信息源，不断输出传递信息，它处于中介状态。

（3）面广量大，内容丰富。档案信息上至天文、下至地理，大到国家、小到个人，无所不包。它与人们的社会实践活动同步产生，随着社会的发展与日俱增，是取之不尽、用之不竭的信息源泉。

（4）回溯性。档案信息是作为过去的记录和信息，在一定意义上传递利用。它是在继承前人智慧和成果的基础上有所创新和发展。当然，档案信息分散零乱，须加工整理才便于使用。我们认识了档案的信息属性，就能进一步明确档案在社会主义现代化建设中的重要作用，从而重视档案工作，努力做好档案工作。我们必须把档案资源收集、存贮、开发利用好，使档案资源及时、准确、高效地传送到利用者手中，充分发挥档案信息在社会主义现代化建设中的重要作用。

3. 档案的知识性

知识是人类对自然和社会运动形态与规律的认识与描述，是人们在社会实践中积累起来的经验和知识的结晶。档案之所以需要世代流传，就是因为它记录了丰富的知识，可供人们参考。

档案作为知识的一种载体和存贮形式，有以下特点：

（1）原型性。档案是人们社会实践活动的原始记录，直接记录着人们实践活动的经验，记录着人们对客观事物、现象的认识，是人类的知识成果。所以，档案是知识贮存的一种原型形式。在人类社会文明历史中，如果没有档案，便失去了连续地、全面地直接记录和积累知识的原载体。人们的许多知识及图书、情报中的一部分知识来自档案。从这个意义上讲，档案是其他文献知识的源泉。

（2）孤本性。档案作为记录知识的原稿、原本，往往只有一份，这也是档案外在形态上区别于其他文献资料的特点之一。档案的孤本性是不可替代的，这也是档案具有权威性和真实性的重要原因，使它特别珍贵。同一份档案在同一时空之内只能供一人使用，这就使知识的作用不能得到充分发挥。要想克服孤本利用中的时空局限性，就得使原型知识转化成二、三次文献知识，再加上现代化的技术和手段，进行有效传递。

（3）继承性。知识是有继承性的。档案记载着前人所获得的知识，凝聚着人类共同创造的文明成果，值得后人学习和借鉴。在社会发展的长河中，人们要进行工作和生产活动，总要以昨天的终点为起点，在前人知识的基础上继续发展下去。在这时，档案起到了重要的接力棒和阶梯的作用。如果每代人都从零开始，人类社会就不能有所进步和发展。

档案的社会功能是知识的继承与积累，它是人类积累知识的一种有效手段。经过一代又一代，日积月累，档案成为历史和知识的宝库，通过利用服务这种特定的方式，使利用者从查阅档案中获取所需要的有用的知识，帮助人们征服自然，调整社会关系，创造新的知识。所以，档案作为记录知识的一种载体，对人类知识的继承和发展有着重要作用，也是人们获取知识的一种重要途径。

(二) 档案的演变

1. 我国档案的形式演变

（1）陶文档案。新石器时代晚期的档案——陶文档案，现有的文物包括河南一带仰韶文化遗址的陶器记事符号、山东等地龙山文化遗址的陶片文字和文字记录。

（2）甲骨档案。商周时期的档案——甲骨档案，从其载体材料和记录方式来研究，可以看出当时已达到了一定的水平。这反映了当时社会已有比较发达的古代文明。

（3）金石档案。金石档案包括金文档案与石刻档案。

第一，金文档案。金文是铸刻在金属鼎彝器上的一种铭文，也称钟鼎文，一般是指冶铸在青铜器上的文字。古人称铜为金，所以又常称钟鼎文为金文。有铭文的青铜器始于商代，但数量少，金文字数也不多。钟鼎彝器中作为记事和凭信的金文，无疑具有古代档案的性质，所以在档案学上称为"金文档案"。

第二，石刻档案。由于金属工具的使用等，在中国曾有一段石刻比较流行的时期，其中有些可称为"石刻档案"。据有关资料记载，殷代有少数刻石，东周以后逐渐增多，秦汉以后石刻碑碣大量出现，而直到明清、民国时期仍有所见。几千年来石刻档案保留下来许多难得的历史资料。

（4）简牍档案。金石档案虽然坚固耐久，但其载体比较笨重，制造铭刻也比较费工，且不便传递，所以自商周直至东晋时期，特别是从周代到汉代1000余年间，多用竹片、木板撰写文书。书于竹片的称为竹简，写在木板的称为木牍，统称为"简牍档案"。简牍编连在一起称为册，所以又称"简册档案"。

（5）缣帛档案。缣书、帛书几乎与简牍同时产生。据有关专家推测，帛书可能与典册一样，在殷商时期已经有之，但迄今未见实物。现代保存下来的缣帛档案，有长沙楚墓中出土的帛书，属于战国时代的古文书。

（6）纸质档案。由于纸的发明和社会生产的发展，文件的书写材料逐渐为纸张所代替，形成了大量的纸质档案。纸张的广泛利用，不仅促进了汉字的演变，而且促进了文化的交流和发展，同时也对文书、档案工作产生了巨大的影响。我国虽然从汉代就发明了纸张，但在社会上比较普遍地以纸书取代简帛文书，却经历了一段很长的时间。从汉到晋数百年间，处于一个简、帛、纸并用的过渡时期，此后，纸张逐渐取代了缣帛，成为档案的主要载体材料。

（7）现代载体档案。人类进入近现代以来，随着现代科学技术的发展，档案的形式也发生了一些新的变化，除了传统的纸质档案外，产生了许多感光介质和磁性介质材料为载体的照片档案、录音录像档案、光盘档案和机读档案等。档案的内容更丰富，形式更多姿多彩。

2. 我国档案名称的演变

在中国，对文书和档案最早的称呼，按现有的资料来说，叫作"册""典"。甲骨文中就有"册"字和"典"字。

在周代，又有"中"字的叫法。根据许多材料分析，周代所说的"中"，近乎对文书和档案的一种概括性的称呼。

自商周简牍档案和缣帛档案产生以来，"简""牍""简策""简牍""简书""帛书""缣书"或"竹帛"等称呼皆指文书、档案和书籍。现已传为成语的"名垂竹帛""罄竹难书"等，也反映了当时文书、档案的成分及其称呼，或延续着以前的惯称。

用缣帛书写的文书可以舒卷，所以又称作"卷""卷轴"。又因办理公文多在案几上进行，所以汉唐以后，又称公文和档案为"文案""案牍"，有时也用"文牍""文书""簿书"来表示。

"档案"一词，初见于清代。现存清代档案康熙十九年（1680年）的《起居注册》（汉文正本）中就有"部中无档案"之语。大约成书于康熙四十六年（1707年）的杨宾的《柳边纪略》中说："边外文字，多书于木，往来传递者曰'牌子'，以削木片若牌故也；存贮年久者曰'档子'，以积累多贯皮条挂壁若档故也。然今文字之书于纸者，亦呼为'牌子''档子'矣。"这也是对档案词源的一种解释。"档"字在《康熙字典》里的解释为"横木框档"，就是木架框格的意思；"案"，《说文解字》释作"几属"，就是像小桌子一类的桌几。由此引申又把处理一桩事件的有关文件叫作"一案"，并通称收存的官方文件为"案"或"案卷"等。"档"和"案"连用，就是存入档架的文案和案卷，而且把放置档案的架子称作档架，把一格称为一档。这些叫法有的一直沿用下来。至今我们称档案，依然有形象的和内在的意义。它的科学定义，乃是这一意义的深化与发展。

二、档案的特点与价值

（一）档案的特点

（1）来源的广泛性。档案是国家机构、社会组织和个人在各项活动中直接形成的，从一定意义上讲，人类活动就是不断生成信息、利用信息的过程。档案作为一种信息载体，和人们的社会生活紧密相关、与生俱来，只要有人类活动就必然会产生档案。具体地说，档案来源于各种机构和个人，是在他们从事政治、经济、科学、技术、文化等活动中产生的。前者包括机关、团体、军队、企事业单位等组织，后者涵盖了家庭、家族和个人。可见，档案的形成主体几乎包含了社会活动的所有主体，这就决定了档案来源的广泛性、档案事物的社会性、档案内容的丰富性。

（2）形成的原始性。这是档案最显著和重要的特征。原始性是指档案的历史记录性，是档案的本质属性。档案是从一定时间和地点直接使用的原始文件材料转化而来的。档案是一种信息载体，然而信息载体不止于档案，如图书、资料等都是重要的信息载体。但是，档案之所以成为档案是由其形成特点决定的。档案直接来源于人们的各种社会活动，是"原始的第一手资料"，其内容具有原生性、真实性，是最直接、客观、准确地记述和反映形成主体"自己"活动的历史记录，因而具有依据作用、证据作用。图书、情报、资料等是为了了解外部情况通过交流、搜集等渠道获得的，是"别人"而非"自己"直接形成的，是"第二手资料"，所以仅有参考作用。

（3）形式的多样性。随着社会的进步，档案的形式不断发展变化，从上面的介绍可以看出，由于信息记录方式和载体形态的多样性，档案的形式多种多样、丰富多彩。从档案载体的演化看，古有甲骨、金石、青铜、竹简、缣帛等，今有纸张、胶片、磁带、光盘等；从信息记录方式看，有刀刻、手写、印刷、摄影、录音、录像等；从表达方式看有文字、图像、声音等；从档案文件的种类和名称看，有诏书、奏折、照会、条约、命令、计划、总结、手稿、日记等。

（4）生成的条件性。档案是由文件转化而来的，但并不是所有的文件都能成为档案，文件转化为档案是有一定条件的。文件转化为档案的前提条件：一是已经处理完毕的文件材料才能成为档案。正在承办的文件是现行文件，不是档案材料。完成传达和记录使命的具备查考作用的文件，才可以说是档案。也就是说文件是档案的前身，档案是文件的归宿。二是档案具有保存利用价值。只有对以后工作和科学活动具有查考利用价值的文件才有必要转化为档案，作为档案来保存，档案是经过人们的鉴别挑选后保留下来的文件。因此可以说文件是形成档案的基础，档案是文件的精髓。三是档案是按照一定的方法组织起来的文件材料的有机整体，不是零散堆积。也就是说档案要通过归档整理等工作，把文件材料组织成有机整体才能算是具有科学意义的档案。

各级各类组织、单位和个人都会形成档案，档案范围之广、数量之多几乎难以估量。我们知道，档案来源于各级各类组织、单位和个人的各项活动，但是，不同的主体、不同的活动在国家和社会事务中的地位、作用不同，由此所产生的档案的重要程度也不同，甚至价值悬殊，有的档案只对形成者具有保存利用价值，有的档案不仅对形成者有价值，其内容信息还关乎国家和社会利益，这些档案如果遭受损失或泄露内容，不仅损害档案形成者利益，而且还会危害国家和社会利益。显然，对国家和社会具有保存利用价值的档案应当特别重要，必须严加管理，确保其完整与安全。为了达到这一目的，我国制定了相关法律法规，明确将对国家和社会具有保存价值的档案列为法定档案，对法定档案必须依法管理。

一般的档案与法定档案二者既有联系，又有区别。它们的联系是，两者都是人们在各项社会活动中直接形成的原始记录，有着档案的共同属性，并且一般档案包含着法定档案，法定档案寓于一般档案之中。两者的区别主要在于价值的不同，法定档案是一般档案中特别重要，即对国家和社会有保存价值的部分，由此，法定档案的范围小于一般档案。

根据以上所述，党和国家机关的档案肯定属于法定档案。党和国家机关掌管着国家以及社会事务，所产生的档案不仅记录和反映着机关活动的历史，是机关日后工作的重要依据和条件，而且记载着党和国家的各项方针政策等重要信息，对管理国家、服务社会等具有重要意义。这就是说，公务员和其他机关工作人员要增强档案意识，依法做好机关档案管理工作。

（二）档案的价值

档案的价值是指档案对国家、社会组织或个人的有用性。"档案管理的价值是档案管理工作和活动存在的目的和意义。"[①] 档案生命力的根基，就在于档案自身所特有的价值。档案价值可以从以下方面来理解：

第一，档案价值概念明确了档案价值的主体、客体以及档案价值的根本来源、连接档案价值客体与主体的中介物——人类的社会实践活动。档案价值是以社会实践活动为中介的档案客体对主体的意义，它是通过档案与人们主体需要的关系得到体现的。人类的社会实践活动一方面产生对档案的利用需要；另一方面又联结档案客体和主体及其需要，使两者相互作用，从而把潜在的价值关系转变为现实的价值关系。

第二，档案价值是档案客体和主体之间的特定关系，是档案属性与主体需要的统一。档案价值作为"意义"或"作用"，是一种关系概念，表示客体与主体之间的一种特定关

① 张震霖. 档案管理价值体系研究初探 [J]. 兰台内外，2021（10）：70-72.

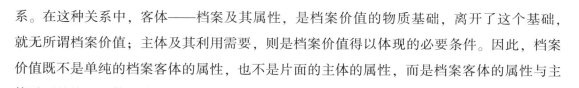

系。在这种关系中，客体——档案及其属性，是档案价值的物质基础，离开了这个基础，就无所谓档案价值；主体及其利用需要，则是档案价值得以体现的必要条件。因此，档案价值既不是单纯的档案客体的属性，也不是片面的主体的属性，而是档案客体的属性与主体需要的统一，体现为一种意义或作用。

第三，档案价值是档案客体对从事社会实践活动的主体所具有的凭证和参考意义或作用。它既有档案客体本身的属性作为基础，又有人的主观需要作为其存在的前提，只有在档案的客体属性与人们的主体需要的关系中才能体现出来。

三、档案的作用

档案的作用通常是指档案对人们所从事的社会实践活动的过程。档案具有独特的、其他事物不可替代的作用。档案具有广泛的社会作用，随着社会的发展和人们认识的提高，档案的作用还在不断被发掘。

第一，档案是机关工作的查考凭据。档案是各种机关、单位过去活动的真实记录，它是任何机关单位连续工作必须查考的凭据。档案可以为机关、企事业等单位的领导工作和业务管理，提供证据和咨询资料，借以熟悉情况、总结经验、制订计划、进行决策、处理各种问题。否则，只靠记忆处理工作则有时无以为凭，或往往有失准确，间隔日久的事务难免被人遗忘。

第二，档案是生产建设的参考依据。档案中记载了各种生产活动的情况、成果、经验和教训。从自然资源、生产手段到生产过程以及计划管理和生产技术等各方面的信息，可以作为工农业生产和经济管理的科学依据和参考材料。当今日益增多的科学技术档案，更是进行现代化生产管理和科学技术管理的重要条件。不管是普通档案还是专门档案，总的来说，都在不同程度上和不同的方面反映了经济活动的情况，都能为经济建设提供咨询研究、统计监督的情报信息，对制订经济计划，检查和总结生产情况，推广先进生产技术和管理经验以及防止灾害等，都是重要的参考材料。

第三，档案是科学研究的可靠资料。无论是自然科学还是社会科学、思维科学的研究，都以广泛地占有材料为基础，以资料的真实可靠性为前提。档案是科学研究的必要条件，它可以从两方面为科学研究提供丰富的历史资料：一方面，专门进行科学研究的原始记录，可供现实的研究工作直接借鉴；另一方面，从记录的广泛事实和经验中，为各项研究活动提供大量的实验、观察和理论概括的基础材料。

第四，档案是宣传教育的生动素材。档案是第一手原始材料，它翔实地记录了人类创造历史的奋斗足迹，形象生动地反映了人们社会生活的方方面面，其真实性不容置疑，具有不可抗拒的说服力和感染力。因此，档案完全可以成为宣传教育的生动素材，利用档案著书立说、报告演讲、进行文艺创作、举办各种展览等，具有强烈的说服力和感染力。

第五，档案是维护国家、集体和个人权益的法律书证。档案能够以其内容、含义和外形特征如实地说明历史上的某些事实，作为证实国家、集体和个人正当利益的书面文件。因为档案在反映社会各种具体活动的同时，也反映了当事者应有的合法权益，其中包括立法性质的文件、证明文件和相互交往的各种材料，如法律、法规、协议、合同、名单、记录、账本、单据、存根等，有的记载了有关事件的过程，有的记载了各方面承担的权利和义务以及当事人具有的资历、待遇和荣誉。在这些方面产生疑问、争执或纠纷时，档案最能有力地说明权益的归属，成为权威性的法律书证，并有一定的物证作用。

四、档案工作的组织体系

我国档案工作的组织体系主要是由档案室、档案馆、档案行政管理部门以及其他辅助性机构构成的，这些机构在全国范围内构成了一个结构合理、管理科学、颇具规模的档案工作体系。

（一）档案室的性质与具体任务

档案室是各组织（包括各类机关、团体、学校、工厂、企事业单位等）统一保存和管理本单位档案的内部机构，是整个单位的组成部分。党、政、军等机关单位的档案室，又是机关的机要部门之一。从全国档案工作来说，档案室是国家档案工作组织体系中最普遍、最大量、最基层的业务机构。

1. 档案室的性质

档案室作为全国档案工作体系中最基层的档案业务机构，主要表现出三方面的性质：

（1）档案室是机关的内部组织机构。机关档案室工作，是机关工作的组成部分，是机关为适应档案管理的自身需要建立的一种专业组织，从事本单位内档案工作的组织管理及档案的保管与提供利用工作。从这一点上看，档案室具有对本机关的依附性。

（2）档案室是保存档案的过渡机构。档案源于形成者，是机关管理活动的记录。为了满足档案形成者自身的需要，由本机关在一定时期对档案进行管理、利用是必需的，也是合理的。但是，从国家和社会的整体利益出发，为了使档案成为社会共享的财富并获得良好的保管，档案室也有向国家档案馆移交档案的义务。因此，档案室一般不可能成为永久

保管档案的基地，在档案保管上只能是一种过渡性、中间性的档案机构。

（3）档案室的主要任务是服务于本机关。档案室档案的来源局限于本机关，室藏档案构成具有单一性。从档案室档案的价值形态来看，一般仍是处于第一价值阶段，其对机关日常管理工作仍具有很强的现实作用。因此，档案室的服务方向、服务对象、服务范围基本局限于机关内部。

2. 档案室的具体任务

（1）对本单位文书部门或业务部门文件材料的归档工作进行指导和监督。

（2）接收和保管本单位各部门应归档的档案材料，进行必要的整理、鉴定、统计、编目和研究，积极开展利用工作，同时收藏和管理一些有关的内部书刊等资料，配合档案提供利用。

（3）定期把具有长远保存价值的档案向档案馆移交。

（二）档案馆性质、任务与职责

档案馆是集中管理档案的专门机构，是永久保管档案的基地，是科学研究和利用档案史料的中心。

第一，档案馆的性质。从档案馆管理的对象来看，它是一种重要的历史文化遗产和精神文化财富。

从档案馆的活动方式和工作成果来看，档案馆的工作是一项研究性工作。参与编史修志，汇编各种研究成果，并通过多种方式提供档案利用。

从档案馆的职能来看，它不仅肩负科学管理档案的重任，而且致力于社会化的服务工作。档案馆以其对国家、社会、历史的重大意义而成为一项重要的事业。

第二，档案馆的任务包括：①接收与征集本级各机关、团体及其所属单位具有长期和永久保存价值的档案以及有关资料，科学地管理；②通过多种方式，积极地开展档案资料的利用工作；③参与编史修志。

第三，档案馆的基本职责是：集中统一管理党和国家需要长远保管的档案和有关资料，维护历史的真实面貌，为现实的社会主义现代化建设和历史的长远需要服务。

（三）档案行政管理部门的任务与职责

档案行政管理部门是具有政府行政管理职能的档案事业管理机构。档案行政管理部门本身并不直接管理档案，它是监督、指导和检查档案工作的机构。

1. 档案行政管理部门的任务

（1）拟定档案工作的规章、办法，建立国家档案工作制度，制订档案工作的发展规划。

（2）指导和监督各机关、部队、团体、企事业单位的档案工作，规划和筹建档案馆，在业务上指导档案馆工作。

（3）研究和审查有关档案保存价值、档案保管期限的原则和标准，监督和审议有关档案的销毁工作。

（4）组织和指导档案工作业务经验的交流、档案干部的专业教育和档案科学研究。

（5）组织和参与档案工作的国际交流。

2. 档案行政管理部门的职责

档案行政管理部门，如各级档案局、处等，是党和国家指导和管理档案工作的部门。由于我国的党、政档案工作实行统一管理，因此，各级档案行政管理机构既是党的机构，又是国家的机构。

档案行政管理部门的基本职责是：在统一管理党、政档案工作的原则下，分级负责掌管全国档案事务，对全国档案工作进行监督、检查与指导。国家档案行政管理部门主管全国档案事业，对全国的档案事业实行统筹规划，组织协调，统一制度，监督和指导；县级以上地方各级人民政府的档案行政管理部门主管本行政区域内的档案事业，并对本行政区域内机关、团体、企业事业单位和其他组织的档案工作实行监督和指导；乡、民族乡、镇人民政府应当指定人员负责保管本机关的档案，并对所属单位的档案工作实行监督和指导。

（四）档案工作的辅助机构

第一，档案专业教育机构。档案专业教育机构是为档案工作培养和输送合格的档案专业人才的机构。这些机构主要有综合性大学内设置的档案学院、系、专业，以及档案中等专业学校和档案行政管理部门设置的档案干部培训中心等。

第二，档案科学技术机构。档案科学技术机构是研究档案学基础理论和档案工作应用科学技术的机构。这些机构主要有档案行政管理部门设置的档案科学研究所，综合性大学设置的档案学研究室，以及中国档案学会及其各省、市的分会等。

第三，档案宣传、出版机构。档案宣传、出版机构是通过各种宣传工具和出版物，宣传档案工作，传播档案知识的机构。这些机构主要有各级档案部门创办的档案刊物所在的杂志社等。

（五）档案工作的新型机构

1. 档案的文件中心

文件中心是一种社会化、集约化和专业化的档案管理机构，它的设置一般不像档案室那样隶属于一个文件形成单位，而是按地区按系统建立的、介于文件形成单位和地方综合性档案馆之间的一种过渡性档案管理机构。

文件中心的基本任务包括：①把文件从形成机关接收、存储进文件中心；②提供快速、准确的文件借阅服务，满足用户的需要；③确保文件安全、管理科学；④根据由文件形成单位制定、档案馆批准的档案保管期限表对文件进行挑选和鉴别，销毁不需要继续保存的文件，并向档案馆移交具有永久保存价值的档案。

2. 档案寄存中心

档案寄存中心是由国家综合档案馆设立的，为各类企业、社会组织以及个人提供文件与档案寄存服务的机构，多为营利性质。寄存中心主要为不具备充分保管条件的企业单位、破产单位、社会团体、公民个人等提供文件与档案的寄存服务。档案在寄存中心保存期间，所有权不变。

3. 档案事务所

档案事务所是指提供档案事务服务的一种商业性档案服务机构。档案事务所是适应近年来我国档案工作中出现的一些新情况而建立的一种新型档案机构。档案事务所是独立经营、独立核算、自负盈亏的企业型单位。为加强对档案事务所的管理，各地档案行政管理部门应会同有关部门制定档案事务所的管理规定，并对档案事务所的业务工作进行指导、监督。

档案事务所的服务对象非常广泛，包括档案馆、各机关、团体、企事业单位及个人等。

档案事务所的业务范围主要是开展档案业务的咨询以及各种档案的劳务性服务工作，如档案的整理、装订、著录、裱糊、抢救等。档案事务所开展的档案业务项目均为有偿服务，应根据经济核算的原则制定合理的收费标准。

以上这些档案机构构成了我国结构严密的国家规模的档案事业体系。这些机构中，档案室是基础，档案馆是主体，档案行政管理部门是组织和指挥中心，档案专业教育机构、档案科学研究机构、档案出版机构是档案工作发展的条件。由于我国依行政区划建立的档案管理模式是档案局、档案馆合一模式，档案室、馆、局是我国档案机构的三种基本类型。它们之间的关系是：①上级档案行政管理机构对下级档案行政管理机构具有业务指导和监督的关系；②档案行政管理机构对同级档案馆、室等档案业务机构具有业务指导和监督的关系；③机关档案室、馆之间，具有档案交接关系；④各级各类档案馆、室之间均无隶属关系，但有一定的协作关系。

第二节 医院档案与医院管理的关联

医院档案是医院在日常工作中形成的公文、电报、传真、影像等各种载体档案，它是医院发展留下的珍贵财富，医院科学化决策和医院现代化建设离不开信息资源的科学有效管理，同时也是为国家积累门类齐全、结构合理的档案史料。为管理层和各项事业提供及时准确的信息是医院档案管理工作的目的，同时围绕临床、科研、教学、管理等方面的信息开展服务，建立系统的档案管理体系，强化档案管理的效率观、动态观和现代观，将档案管理工作密切结合医院整体发展，为职工、患者以及社会公众服务。

医院管理实现制度化、规范化、科学化发展的重要标志是实施了科学有效的现代档案管理。档案管理是提高医院基础管理水平的需要。档案管理工作的好坏，直接体现了医院基础管理水平的高低，与文明医院建设、医疗卫生事业发展息息相关。

一、医院档案在医院管理中的地位与价值

（一）医院档案在医院管理中的地位

第一，实现档案管理人员技术专业性的有效提升。医院在开展管理工作的过程中，应当加强对于档案管理人员的考核和培训，为其提供学习与交流的机会，并且根据考核结果建立相应的奖罚制度，以此激发其自主学习的积极性。档案管理人员技术专业性的有效保障和进一步提升，可使档案更加体现出其价值性，进而保障了医院档案在医院管理中的地位。

第二，建立专门的部门开展档案建设工作。为了实现医院档案内容完整性以及档案分类系统性的有效保障，医院在开展管理工作的过程中，应当建立专门的部门开展档案的管理工作，并配备相应的人员。此外，有关人员要加强对于档案的管理工作的重视程度，以

此有效地确保医院各项档案收入的明确性。

第三，着重开展医院的经济管理工作。医院经济管理工作的开展状况，无疑是决定医院的发展前景的重要因素之一。在实践中着重开展医院的经济管理工作，将会计档案应用于工作的开展进程中，可以体现医院档案在医院管理中的地位的不可撼动性。

第四，将先进的信息技术应用于医院管理工作。随着科学技术的不断发展，信息技术在各行各业的应用也逐步地呈现出了普及性特点。将先进的信息技术应用于医院管理工作，可以有效地提升医院档案管理工作开展的精确性和时效性，进而使得档案管理工作的开展为医院的整体发展提供更大的推动力。

档案管理人员技术专业性的进一步增强，可以有效地提升档案真正效用的发挥，同时专门的档案管理部门的建立以及先进的科学技术的应用，都可以使档案在医院的档案管理工作中发挥出更大的功效，实现自身地位的有效保障，引导医院获得更加广阔的发展空间和更加理想的发展前景。

（二）医院档案在医院管理中的价值

在明确了医院档案在医院档案管理中的应用现状后，开展其价值探究，根据医院档案在医院档案管理中的特点，主要可以将其所存在的价值总结归纳为如下四点：

第一，实现医院财务档案和财务资料的有效整理。医院档案的有效建立，可以进一步实现相关档案的有效整理。医院的档案管理人员，通过完成医院档案的整理工作，可使医院的各类资料的日期和类别得到明确的标注，并且按照其内容的重要性进行进一步的分类存储。

第二，进一步明确医院档案管理的内容和范围。以医院档案中财务档案为例，其主要包括医院的总账、单项账、日记账以及医院的总体资产和其他财产。因此，医院档案的建立可以有效实现医院财务管理内容和范围的明确性提升。同时，医院的档案中还包括医院签署的各项合同，这些合同内容的明确，也可以为医院管理工作的良好开展提供巨大的推动力，并增强医院管理工作的开展的流程性和秩序性。

第三，方便医院内部人员的资料查看。医院档案的有效建立，可使医院的高层人员在进行医院整体的管理工作中，能够有效地查看医院的医疗用品的采购合同、工程合同、技术合同，以及各项医疗票据，进而有效地掌控医院的各种状况。医院的管理人员以及相关的档案管理人员对于医院信息及档案情况的认识更加明确，可以有效地保障医院管理水平与成效，与此同时，也提升了医院内部人员对资料查看查找的便捷性，从而凸显了档案在医院管理中的关键性价值。

第四，明确医院财务档案的管理期限。医院档案可以对医院的年度财务情况进行整体的统计，进而使得医院的财务报告可以被按照其管理期限进行排列，有些财务报告重要性较高，其管理期限为永久性期限，而有些财务报告则可以按照其重要性划分为五年管理期限、十年管理期限、十五年管理期限等。开展医院档案在医院管理中的价值探究，主要可以将其价值总结归纳为实现医院财务报告内容的完整性和系统性的有效保障。

二、档案管理对医院建设的作用

（一）对医院文化建设的作用

1. 有助于引领医院落实人文精神

医院文化建设的基础是坚持以人为本，即对职工施以人本管理、对患者施以人文关怀，而在医院档案中始终贯穿着以人为本的人文精神①。医院档案中保存着大量的准确信息、数据和人文资料，还有成功的管理经验、优秀人物的先进事迹。医院管理者既要把职工当成医院最大资本、最好资源，又要紧密结合医院档案中的文化资源，用自己的知识、智慧和才艺，通过职工的知觉、动机、信念和期望等文化需求，影响职工的思想与行动，才能使职工愿景与医院目标相一致，从而产生医院文化的向心力、凝聚力和发展动力。

在医院档案中还贯穿着医学伦理与人文关怀思想，即医疗活动采取的合理与合乎道德的行为和决策，确保医疗目的和患者的权利，强调以患者为主体、满足患者需求、强化与患者合作，从而建立和完善渗透着医学人文精神的医疗文化与医疗制度，使仁爱、尊重、责任与公平的人文精神得到落实。

2. 有助于提升医院思想政治工作品位

思想政治工作的根本目的是教育人们树立正确的世界观、人生观和价值观。在生活实践中，世界观、人生观和价值观问题对每个人来说都是最根本的问题，决定了人们的理想和信念。医院思想政治工作要做到以科学的理论武装医务人员，以正确的舆论引导医务人员，以高尚的精神塑造医务人员，以优秀人物鼓舞医务人员。

培养医务人员把全心全意为患者服务奉为自己的人生观，把患者利益置于个人利益之上的价值观，用正确的价值观分析利益取舍、辨别是非真伪，从而树立医务人员"白衣天

---

① 人文精神是对人的个性、价值、地位、尊严的关注、爱护和尊重，其核心是对人的精神价值的重视与人性关怀，即以人为本的价值理念。

使"的美好形象。医院档案中蕴含着丰富的人文、历史、科技等内容，是医院思想政治工作不可多得的文化资源和文化财富。在医院文化建设过程中，可以通过创建院史馆、荣誉展示室、编纂院史院志等方式，在做好院史资政工作的同时，详尽展示医院发展历程、优秀人才、丰硕成果，对医务人员进行医德史、行业史、院史教育，用身边的事和身边的人开展既生动活泼又丰富多彩的宣传教育、文化活动和思想政治工作。还可以利用档案开展科技成果展、名医专家风采展、优秀病历展、医德医风展，广泛开展核心价值观教育，提升医院思想政治与宣传工作的品位，以增强医院职工的自豪感、责任感、自信心，形成团结向上的良好工作氛围。

医院档案是医院的宝贵财富，是医院文化建设的精神财富。重视医院档案对医院文化建设的重要作用，就是要善于从档案中挖掘出精神财富促进医院文化建设，善于利用医院档案中的文化资源使医院文化建设别具特色，善于利用档案中蕴含着的文化软实力促进医院不断向前发展。

3. 有助于强化医德医风建设

医德医风建设是要坚持患者利益至上、社会效益优先、落实医疗公平的原则，使医务人员在医疗服务工作中最大限度地满足患者康复的需要。医德医风建设反映出医院的价值观、道德观、文化环境和医院精神，是立足于以患者为中心、更新服务观念、提高服务质量、助推医院持续发展的精神动力。通过医德医风建设，使医学人道主义精神、以患者为中心的人文关怀理念深入医务人员心中，内化为医疗服务的理念落实在为患者服务的实践中，这也是医院文化建设生命力之所在。

医院档案保存着医疗法规制度、医疗标准、技术常规、操作规程等资料，医学病案（历）保管着众多患者最原始、最完整和最权威的病程记录、治疗过程与医疗结果，是重要的医学科技文献与科研档案，具有真实性、可靠性和系统性的特点，不仅是保护患者合法权益的凭证，也是进行医务人员医德医风教育的最佳内容。通过对病案（历）分析，查找医疗和管理过程中的缺陷，教育医院各类人员吸取经验教训，从而为提高医疗服务水平和医院管理水平打下良好基础。医院档案中蕴含着丰富的文化资源，充分利用医院档案强化医德医风建设，是医院文化建设的体现。

4. 有助于增强医院文化软实力

医院档案在长期积累的过程中，积淀并传承着医院发展的理念与价值观，蕴藏着医院发展的灵魂和文化软实力。医院档案的内容十分丰富，是医院发展实践中最可靠的原始记录和权威凭证，从载体和内容两方面最大限度地完成了记录历史、传承文化、传播文明和提升医院文化内涵与文化软实力的任务。

从医院档案中挖掘出的医院文化软实力，是助推医院文化建设的核心，可对医院持续健康发展提供持久动力，从而形成饱含正能量的医院精神，不断提升医院的核心竞争力，最终使医院文化建设为医院发展创造出效益。从医院发展的档案积淀中挖掘出医院文化的精髓，又是提炼仁爱、包容、创新的医院精神的有效途径。通过医院文化建设形成的医院精神，可以用于谱写院歌、设计院徽、提炼院训，可以形成医院全体职工普遍认同的价值观和适应时代要求的服务理念，这正是医院档案体现医院文化建设的核心内容，是医院赖以生存和发展的精神支柱。

（二）会计档案的管理作用

会计档案可以为医院制订经济计划、进行可行性研究、做出经济决策提供可靠的数据和可比性资料；会计档案以大量的原始数据，为医院的财务工作和生产经营提供决策依据；会计档案对保护医院国家财产、监督执行国家财务制度、查处经济案件等有着重要的作用；会计档案还可以为医院研究经济发展提供研究史料。

如医院有一收费员擅自挪用公款，非法侵占医院现金，医院发现便立即移交地方检察机关，通过医院档案人员翻阅各种会计档案，寻找其作案的蛛丝马迹，找出起诉的重要证据，最终将其绳之以法，有效遏制了恶性事件的继续发生，有力挽回了医院的重大损失。由此可见会计档案对医院管理的重要性。

（三）科技档案的科技作用

医院科技档案是指医院在医药卫生科技活动及疾病预防治疗过程中形成的具有保存价值的文字、数据、声像、图表、软盘等各种载体，并且按照一定的归档制度作为真实历史记录集中起来保管的科学技术文件材料。

医院科技档案能为医院在进行科研管理、科技决策、科学研究、技术交流、著书立说、职称评聘、经验总结等方面提供信息和依据，起到凭证和参考作用。

（四）设备档案的运营作用

医疗设备档案包括设备购进档案和设备维修档案。其详细记载了医疗设备从申请购买、考察论证、招标谈判、签订合同、收货付款、安装验收、使用维修到淘汰报废的一个动态过程。医疗设备的购置或更新必须经过周密的考察和分析，设备档案也就成为十分重

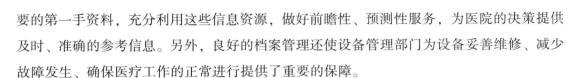

要的第一手资料，充分利用这些信息资源，做好前瞻性、预测性服务，为医院的决策提供及时、准确的参考信息。另外，良好的档案管理还使设备管理部门为设备妥善维修、减少故障发生、确保医疗工作的正常进行提供了重要的保障。

（五）人事档案在人力资源管理中的作用

第一，人事档案是医院人事部办理各种人事手续的可靠凭证。人事档案是贮存人才资源的信息库，是个人历史忠实完整的记录，可以为当事人落实政策、确定个人三龄一历、工资调整、解决生活待遇、劳动保险、入党团以及离退休手续的办理、出国（境）政审和婚姻生育状况等提供可靠的凭证。

第二，人事档案是医院知人善任、选贤举能的一个重要依据。查阅人事档案是医院在选拔、使用、考察、培养干部，竞聘上岗等方面的一个重要程序和工作制度。如医院在接收新进人员，都要查阅本人的人事档案，以档案中的学业成绩及思想表现情况来综合评判进行政审，完成人员新进的聘用手续。

第三，医德档案的建立有利于构建和谐医患关系。医德档案是医院医德医风建设的主要内容，为应聘、晋职评选等提供客观可靠的重要依据。存医德档案的主要材料为年度医德（职德）考评表，动态地反映了每一个医务人员的职业道德、工作水平和精神面貌，是医务工作者医德医风实践的真实记录，客观真实记载着医务人员的道德轨迹。

第三节　医院档案管理模式及改进策略

医院档案管理部门作为保证医院日常工作有效落实的关键部门之一，越来越多的档案管理人员逐渐意识到档案管理工作的重要性，并将做好档案部门的工作作为保证医院日常工作健康有序展开的基础。

一、医院档案概述

（一）医院档案管理的类型

医院档案是指医院在党务、行政、医疗、统计等日常管理工作中形成的文字、图表、数字、病历、声像、光盘、磁盘、微机存储等真实历史记录。

档案根据途径和利用方式的不同大致可分成以下四种：

第一，人事档案。人事档案主要指职工档案，包括职工的奖罚、考勤管理、职称管理、绩效管理等方面。由于干部人事档案真实记录了一个人的履历、水平和品德等，是医院组织人事工作不可缺少的重要参考。

第二，业务档案。业务档案是医院档案管理的重点，主要指病历档案、药械耗材档案、科研档案、财务统计档案、设备档案、医疗废弃物档案等。病历档案是医院档案管理不可或缺的重要部分，专业性和技术性强，是展现医院管理、医疗技术水平的关键依据。病历档案是广大人民群众疾病防治和身体健康的原始记录，其信息利用率高、实用性强，它需要档案管理者和医务人员在规定时间内完成收集、整理、组卷、登记、分类、编目、编码、排号、贮存以及档案的检索、利用等工作，全面系统分析医疗信息资料，及时准确提供给医院领导、医务人员和患者。科研档案主要指一线医务人员在医学的实践中通过不断总结，不断探索治疗手段的新思路和新办法，进而科研立项、实施以及科研成果推广的应用。

第三，行政管理档案。行政管理档案主要指上级主管部门或相关单位的行文及公函，以及本院在日常工作中形成的文件、规章制度、事项决策、通知、通告、医保政策、纠纷案卷、法律文书以及消防检查和社会化服务形成的材料等。

第四，党群档案。党群档案主要指上级和本院党组织、共青团、工会等群众组织在日常党务工作、共青团工作、工会工作中形成的文件和影像材料。

（二）医院档案管理的作用

第一，档案管理是医院管理的重要工具。医院任何决策及管理制度的出台，必须是建立在之前管理系统理论基础之上的，只有充分发挥档案的辅助作用，才能更有效地提高决策的科学化和管理水平。

第二，档案管理是医院运行的强力助推器。档案是医院日常运行的真实记录，具有凭证和参考作用。医院标准化建设和管理都是建立在项目档案整理和分析的基础上的，科学有序的档案整理为医院发展和决策提供有效依据，进而促进医院管理，不断提升医疗服务和管理水平。

第三，档案管理是医院文化传承的主要载体。档案真实记录和见证了医院的发展，是医院文化的重要组成部分。通过医院的档案能够了解到医院的成长历程、医院的院风、文化氛围等。医院院史中的照片、文字和实物真实反映了医院发展历程，同时深深凝聚和激

发了医务人员的归属感和荣誉感。

第四，档案管理是法律保护的原始凭据。档案是当事人的业务活动的真实记录，能够保护医院、医务工作者、患者的合法权益不受非法侵害，为明确各方面的责任，减少不必要的纠纷提供法律依据。

第五，档案管理是岗前培训的生动素材。档案是医院不可或缺的教育资源，其真实性具有很强的说服力和感染力，真实的医学案例能够深入职工身心，防止错误再发生；翔实的事实资料为员工展现真实的医院，大大提高培训的效果。

二、医院档案管理的新模式构建

在医疗行业飞速发展的今天，医院档案管理的重要性得到了体现。相较于医疗技术而言，医院档案管理需要通过加强档案管理能力来促进医疗行业的持续发展，为医疗行业的进步打下坚实的基础。医院需要开辟档案管理新模式，促使现代化档案管理的持续优化。

（一）构建医院档案管理的新观念

在医院档案现代化管理中，档案管理观念需要在继承原有规章制度的同时适当进行创新，从而提高医院档案管理质量。通过继承原有的规章制度能够使基础工作效果得到保障，而通过创新则能够使现代化科技在档案管理中得到合理应用。

在档案管理现代化的过程中，档案管理工作的主动性得到大幅提升，传统以收集、保管为主导的档案管理工作很难满足医院发展对于档案管理工作的要求，所以现代化的档案管理工作需要通过主动创新，以此来开发出更加适合医院的档案利用模式，从而令医院档案工作的实用价值进一步得到提升。结合档案信息能够化被动为主动，通过主动开展医药档案展览，对部分医学资料进行推广，能够令更多医务人员、病患了解更多医学知识，从而提高医院的社会效益。

（二）完善医院档案管理的基础设施

在现代的档案管理过程中，医院需要利用信息技术全面优化档案管理效果。通过利用具有足够自动化水平的权威档案管理软件与医院计算机进行联网，能够提高档案实用性。在现代化档案管理中，应该结合光盘、缩微等技术，专门配置一套合适的硬件办公设备，档案管理人员则需要具备现代档案管理知识与技能，从而保证档案管理质量。除此之外，医院还应该针对档案管理工作培养出一批高素质档案管理人才，这部分档案工作者不仅需要具有足够的档案管理能力，还需要具有一定程度的学习能力，确保在档案管理方式优化之后，能够第一时间掌握档案管理办法。

（三）医院档案管理模式的优化

1. 完善档案管理系统

对于现代化医院档案管理而言，档案管理系统必须保证各项工作之间的合理性，工作流程通过紧密联系不仅能够完成对档案管理效果的优化，还能够令档案使用效率得到大幅提升。在档案管理系统中，需要构建以分管院长、主任、综合档案部门等多种工作人员为核心的档案管理决策网络，确保在开展现代化档案管理工作时，所有人员都能够明确自身的职责所在，将档案管理的作用全方位体现出来。

2. 完善档案管理制度

在制定档案管理制度时，必须保证档案制度的合理性与可行性，以档案法为遵循对档案管理制度进行完善，能够保证档案制度基本满足医院发展的实际需求。在档案制度落实期间，需要结合医院的实际情况对制度做出细微调整，以此来确保档案管理制度能够真正发挥出应有的作用。

3. 调整管理模式

医院通常会将人事、病例等档案进行分开管理。在这种档案管理模式中，病案会在病案室进行管理，而人事档案的管理要依靠人事科，其他档案也有不同的管理部门，档案管理过于分散导致医院需要投入更多人力、物力，而且管理档案的人员、机构还需要在工作期间开展自身的本职工作，无法在档案管理工作中投入过多精力。

现代档案管理应该将医院内部各个门类的档案集中起来进行统一管理，病案作为医疗技术档案，同样可以纳入至档案综合管理的范围内。在档案现代化管理过程中，医院需要为档案管理部门分设库房，从而节约档案管理的资源投入，令医院内部的各项档案信息都能够在集中管理的作用下实现开发与利用，以此来保证档案管理效果。

4. 构建医院档案信息系统

在医院档案管理过程中，医院的档案信息、图书资源等资料应该结合计算机技术实现资源的全方位共享。还可以将档案、信息、统计等部门进行结合，从而构成医院综合信息网络，确保能够在医院自身的局域网中完成信息资源的发布与共享，增加档案信息的使用效率。当信息网络系统构建完成后，需要结合医院内部需求对网络权限进行严格管控，以此来避免档案信息泄露的情况发生。另外，还可以根据档案的重要程度进行等级划分，对

于不需要保密的档案信息可以面向公众进行共享。

（四）构建以医疗档案为核心的档案管理模式

在医院档案管理的发展过程中，档案室通常更加重视对于重要文件的归档与整理，这便会导致医院在面对其他类别档案时，出现忽视档案信息的情况。医院作为医疗卫生机构，其主要作用就是医疗，医院开展的其他工作的主要目的就是服务于医疗工作，所以在档案管理期间，应该重点关注与医疗工作相关的各类档案文件，如病案、医疗技术档案等，以此来保证医疗工作的顺利进行。在医院档案管理中，通过档案管理标准化，能够帮助档案完善现代化管理，档案标准包括国家、行业、地方、企业等标准，在构建档案管理标准时化流程必须结合标准，避免医院档案开展标准化管理时出现脱节的情况。

总之，医院管理现代化与现代医院档案管理是我国医院发展中的重要内容，通过医院管理现代化，能够促使医院的发展过程变得更加顺利。而现代医院档案管理则能够使医院的档案管理工作得到进一步优化，满足医院的发展所需，提高医院的档案管理质量。相信随着更多人了解医院管理现代化与现代医院档案管理的重要性，我国医院的发展前景一定会变得更加广阔。

三、医院档案管理的改进策略

（一）提高医院管理层的重视度

第一，通过对不同医院档案部门为医院管理工作提供的数据支持频率，直观展示出强化档案管理部门工作内容能够帮助医院实现阶段性管理目标，从而在思维意识层面强化医院管理层对医院档案管理的重视度。

第二，医院管理人员在转变自身管理意识时，需要充分认识到新形势下医院档案管理模式是一项系统性的工程，而档案管理人员的工作质量将直接决定档案管理工作的优劣，从而由上而下地提高医院管理层对医院档案管理的重视度。

（二）引入互联网信息技术

随着我国互联网技术的不断发展，将互联网信息技术引入医院档案管理工作已经成为必然的发展趋势之一，而该目标的达成可以通过以下三个步骤实现：

第一，档案管理部门工作人员在实际工作中，应将本部门涉及的纸质档案进行汇总整理，并将档案资料按照不同的年份信息加以归纳整理，为后续互联网信息技术与档案部门工作内容进行有效结合打下坚实的基础。

第二，建立以电子档案管理为核心的档案信息查询网络，在实现不同档案信息共享的基础上，缩短其他部门翻阅档案所需的时间，并根据不同部门查询信息之间的不同，设置不同的检索目录，从而提高档案信息的使用频率。

第三，将后续收到的纸质档案信息定期转为电子档案信息，并建立相应的检索目录，将档案信息转为电子信息进行存储既可以延长档案信息的使用年限，也减少了档案的占地面积，是互联网信息技术引入医院档案管理工作的突出优势之一。

（三）强化档案管理技能

随着医院管理人员对医院内部的档案管理部门工作要求的逐步提高，通过强化档案管理技能的方式提高管理人员的管理水平已经成为新形势下档案部门的未来核心管理趋势之一。管理人员在实现强化档案管理技能这一目标时可以从以下两方面入手，通过管理措施之间的协同配合实现档案管理水平的提升。

第一，定期组织档案管理人员参与提升档案管理技能相关的培训讲座，通过管理人员之间关于管理心得的交流提高工作人员档案的综合管理水平。

第二，针对后续档案管理工作需要引进具有一定管理技能的工作人员，以"鲇鱼效应"的方式提高档案部门的管理技能。

（四）增强医院档案管理的组织结构建设

档案管理人员作为整个医院档案管理工作的直接实施人员，对档案管理的有效进行发挥着非常重要的影响，所以，想要提升医院档案管理工作的有效性、合理性和科学性，就应该从增强医院档案管理组织结构建设工作入手，并且深入医院档案管理组织结构的部门整体与个人两个层面展开管理工作。

在医院档案管理部门的积极完善与建设过程中，医院必须有效地发挥其特有的优势与特点，构建拥有独立性优势的档案管理部门，并且将医院内部的经营管理以及医疗活动的所有详细档案的管理工作，都交由独立的档案管理部门统筹管理，这样才能够保障医院档案管理工作的协调性、集中性以及统筹性。

档案管理人员作为直接负责档案管理工作的人，其专业水平以及综合素养对于医院档案管理的整体水平以及成效有着很大的影响，所以相关部门必须加强对档案管理人员的系统化培训，从而提升档案管理人员的实际专业水平和综合管理能力。

此外，在档案管理工作的开展过程中，应该根据医院的具体经营模式与实际现状，针对档案管理人员完善监管制度与相关的考核标准，促使档案管理人员加强自身的岗位责任感，从而进一步提升档案管理的质量与效率。

（五）完善医院档案管理部门的管理流程

"医院的管理人员在医院管理的实践中承担着核心骨干作用，管理干部的决策力、执行力、创造力及其他组织领导能力，很大程度上决定了医院的发展空间与速度。"[①] 医院的管理人员可以尝试从完善现有的医院档案管理部门档案管理流程入手，从根源上改善部门管理流程混乱的现象。在实际工作中管理人员应围绕科学管理价值观念建立档案管理流程，并在建立该流程时充分考虑其他部门的管理流程是否与该部分内容发生管理层面的管理冲突。

在落实档案管理流程时，针对管理流程展开多次管理试练，针对试练中暴露出的管理问题提出相应的解决措施。并将科学化的管理流程与日趋复杂的管理问题进行有效的结合，在完善医院档案管理工作的前提下，为社会公众提供更好的医疗服务。

（六）深入强化医院整体综合服务质量

为了更好地解决医患关系之间的紧张矛盾，更好地推进我国医疗体系的创新与升级，近几年，随着我国医疗管理体制的深化创新与深入发展，落实到医院的管理方面也发生了很多重大的转变。

针对医院的整体管理开展深入的完善与改进，确保医院的整体管理水平获得极大的提升，保障医院的整体管理水平与临床科室的管理能力处于同一水平，这是强化医院整体综合服务质量的有效手段与途径。

此外，工作人员作为医院整体管理工作中的核心要素，在医院档案管理工作的开展中发挥着至关重要的作用，所以，想要推进医院整体管理水平，势必要从提升管理工作人员的综合能力出发。除了提供定期的管理知识培训之外，还可以向管理人员提供外出提升学习的机会，从而为医院的整体管理工作提供综合型的管理人才。

（七）强化档案管理与文书管理的有效衔接

科学有效地达成档案管理与文书管理的有效衔接，是现代化医院档案管理工作有效进

---

① 吴烨，张勤，周典. 医院管理人员的绩效考核探讨 [J]. 中国医院管理，2010，30（11）：79.

行与积极创新的内在需求，并且也是进一步强化档案管理工作科学性、有效性、集中性的重要手段。

第一，在推进医院档案管理稳健发展的过程中，必须加强对相关规定的有效宣传与推广，促使医院文书管理人员对相关规定有深层次的理解与掌握，并且推进医院文书管理人员对相关规定的实际运用能力，充分掌握档案管理与文书管理两者之间的紧密联系，这样可以有效地推进文书管理人员能够协调地接受档案管理人员的监督与管理。

第二，文书管理人员在有序进行文书管理工作时，必须加强其从收集、汇总、用纸等一系列文书工作中的细节化管理意识，这样才能有效避免再出现文书编号混乱不规范、附件不完整以及资料收集拖拉的情况。

第三，在档案管理工作与文书管理工作的有效衔接过程中，必须加强对涉外经济管理工作的重视，并且有效针对医院经营管理、医疗活动管理以及涉外经济管理的模式进行完善与优化，切实做到将医院的财物、行为以及非物质财富统筹管理。

第四节　医院档案管理业务流程优化

医院档案管理对于业务流程上的步骤划分：①资料的归档，即不管何种类型的资料，如医院日常管理活动中的规章制度，或者患者病历、技术档案等，均应及时、依章归档；②档案的整理与保存，各级别、各类型的档案应按统一标准、统一要求做出整理，将其纳入规范的案卷中，同时配备专门空间妥善保存；③档案的利用，不管采取手工提档还是网上借阅方式，均需要基于科学的管理规定，按一定流程进行操作，操作时保证有关手续的完善。

一、医院档案管理业务流程的特点

第一，对于流程有较高的关注度，并非如部门、技术性的职责分工那样，只对过程细节加以把握，档案管理业务流程有着极为明确的管理要求，也是体现医院效率和品质的一方面，如医院的档案尤其病历，数量极其多，且患者报销、伤残鉴定、查阅等，经常性需要复印、打印病历。

第二，医院所开展的档案业务流程，重点置于工作人员认可及患者满意方面，特别是从患者需求出发，制定相应业务流程，且使之同工作人员的便捷性等方面相协调，如病案信息的调取等。

第三，有效利用信息技术手段，增加互联网、软件等信息化管理功能，借以提高医院运行效率与工作质量，保证医院发展、患者满意，是医院档案管理业务流程的时代特性。

二、医院档案管理业务流程优化的重要价值

（一）给予工作支持

档案是医院发展积累下来的宝贵财富，同时也被认为是医院进行文化传承的特定实物载体。越是优化的档案管理措施，尤其是措施中的流程内容，越会使档案数据产生真实性和准确性的优势，并使档案资料安全存储，而当医院管理者遇到重大决策节点时，往往得到来自档案的强有力的支持。

（二）帮助队伍建设发展

医院档案管理业务流程有序优化，并保证优化工作的持续性，需要有专业化的人才队伍，特别是档案管理队伍的配合，从而使档案管理处于精细化管理理念。优化工作本身可以成为队伍建设的促进力量，变化医院档案管理业务流程，使之适应医院与患者，使得医院档案管理部门在面对多项工作时能做得很顺畅、高效，如引导档案管理工作者调整工作环境、清晰认知工作要求变化，以及强化精细化管理意识等，而这些要求的存在，显然需要队伍建设不断进取的推动力。

（三）促进档案管理综合水平的提升

档案管理真实水平，体现于档案管理具体工作的多方面，其中最为关键的一点是体现于档案业务流程方面，标准程度如何、规范效果怎样，以及是否能够做到科学性与准确性，将决定医院的各种类型档案的妥善处理情况，例如其是否能够于安全有序环境下受到管理等。强化档案管理业务流程，使之得到优化的努力，对于改善医院档案管理乃至整体的医院管理水平都有很强的现实意义。

三、医院档案管理业务流程的优化策略

（一）调整医院档案管理制度

医院档案管理业务流程优化策略中，毫无疑问应管理制度先行。在进行医院档案管理时，关注精细化管理理念，以指导对档案管理制度做出调整，是医院档案管理有效渗透新方法、展现多元化价值的一项重要前提。

医院档案管理部门应参照档案管理发展方向、工作需求，从其他单位的档案管理工作中汲取经验，对自己医院在档案管理的制度层面进行推进，力争达到制度规范化、管理精细化的效果。

制度调整一方面需要融汇档案管理部门工作人员的努力，另一方面还要得到医院其他部门的支持和配合。医院档案管理部门及工作人员，要在档案立卷、归档制度、保管保密制度、借阅及分享制度等方面进行重新考查修订，并把修订结果下发至医院各有关部门，同时组织各部门代表进行培训，使医院各职能部门对制度有足够的了解，做到同档案管理部门的密切配合，争取早日见到医院档案管理工作的成效。

以集约化管理取代粗放化管理，这种转变体现在制度上，需要医院档案管理部门从医院发展实际情况出发，将档案管理工作持续细化，确保各档案管理环节与步骤的规范化、清晰化、流程化。

此外，考核评价机制的完善，同样属于对管理制度进行调整的事项范围，借助日益精细化的考核评价制度，可随时了解档案管理工作中何处存在何种不足，继而给接下来的业务流程优化深化工作提供参考依据。

（二）对医院档案信息管理加以重视

第一，做到数据的信息化。医院档案管理工作通常会涉及大量数据，在信息技术手段支持下，可以让传统管理过渡到数字化管理，并出现形式上的对应变化，其本质在于将有形纸质档案转变为电子数据信息。这是节约管理部门人力、物力与财力等资源成本的做法，同时也可以尽可能地避免人工管理可能造成的失误，有效提升管理工作便捷程度，即便文书档案年代久远，亦由信息管理系统得以永久保存，而现今使用的"医学影像云平台"使得医疗档案的保存、再利用更便捷。

第二，做到档案的安全化。文书档案面对一些琐碎的原始资料，在业务流程优化时，增加信息技术的应用比重，可有效杜绝管理过程随意变更原始信息内容的要求，让其可以同最初的形态保持一致。在实际管理过程之中，工作者可以设置对应的管理系统权限，用口令或者密码等形式，进一步提升档案的安全性。

第三，管理人员应在自身信息意识方面加以强化，即档案管理工作人员有必要多学习一些先进的、实用性的现代信息技术，并提升关于计算机处理方面的意识与能力，提高有关内容的操作技能，充分展示出整个档案管理系统在规范化和标准化方面的长处。以往医院档案管理程序由人工操作，数据登记错误难以避免，用户查询时不能获取真实有效信息的情况时有发生，在工作人员强化信息意识后，依靠信息技术做文书的收录、登记、归档、查询等工作，可以将错误出现的可能性降至最低，亦能有时间做更具创新性的管理工作。

（三）对医院档案知识共享给予关注

医院档案管理业务流程优化策略中，应当主动涉及知识共享方面。知识管理能够避免知识原有局限性，从原本的封闭到现在的开放，再到理想化地主动提供服务场景，知识共享视角之下，医院档案管理所涉及的业务流程，会对医院档案服务机构价值升华效果产生促进作用，克服此前普遍存在的故步自封思维。

对知识共享给予关注，也是适应新档案管理环境的必要做法，纵观传统的档案资源管理与使用模式，可看到它是一种比较典型的资源静态导向型模式，更加强调合作利用和共享，重点涉及科室合作、个人合作，或者与医院档案室等部门的合作等，而在业务流程变化范畴内，对知识共享加以关注，使之出现的变化，则明显指向信息资源的合作开发与利用，是动态的。实践操作中，医院可借助知识的积累、组织与发现动态流程，使档案知识尽可能地被优化管理、有效开发，全面满足知识服务的客观需求，尤其是可以利用合作促进开发的形式，在技术、产品、宣传等方面实现突破创新。

医院档案管理业务流程，将由职能科室与行政部门等共同负责，需要优良管理方式、管理流程，以推进医院发展为目标，进行相应的途径优化，优化时应当注意医院档案管理业务流程的独特性，兼顾人员、制度等多方面，从而真正让医院的档案管理拥有专业化水准，持续改善医院档案管理质量与效率。

第三章 现代医院后勤与设备档案管理

第一节 现代医院运输管理

人类正是借助于交通运输①的发展逐步征服了空间，赢得了时间，提高了改造自然、改造社会的能力，使自己的生活和生产活动不断扩展到更广阔的领域。交通运输业是一个独立的物质生产部门，医院交通运输是医院后勤服务的一个组成部分，以其特有的功能为医疗工作服务。

医院交通运输是医院后勤服务的一个重要组成部分，交通运输为医院正常工作提供了必要的交通手段，在医院医疗工作中发挥了不可替代的作用，加强医院交通运输管理，可提高医院交通运输的工作质量和效率，从而更好地为医疗一线服务。

一、医院交通运输的特点与作用

（一）医院交通运输的特点

与社会上运输企业相比，医院交通运输有以下特点：

第一，是医院后勤服务的一部分，运输规模小，任务相对简单。

第二，运输班组为医疗一线服务，不直接创造经济效益。

第三，救护运输是医院特有的专业运输，是其他运输企业没有的。

（二）医院交通运输的作用

医院交通运输是医院内部后勤服务的一部分，也是开展医疗工作中不可缺少的必要手

---

① 交通运输是劳动者运用运输工具对运输对象进行空间位置的转移。交通运输是连接社会再生产基本环节的桥梁和纽带，是社会再生产顺利进行的重要条件，是整个国民经济不可缺少的重要组成部分，对促进国民经济的发展起着至关重要的作用。

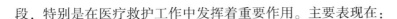

段，特别是在医疗救护工作中发挥着重要作用。主要表现在：

第一，交通运输为医院正常工作提供了便捷的交通手段。

第二，提高了医院工作效率。

第三，在货物搬运时发挥了必不可少的作用。

第四，在院前抢救及转运患者时赢得了宝贵的时间。

二、医院交通运输管理的职能与职责

（一）医院交通运输管理的职能

医院交通运输管理的职能，是反映医院交通运输管理者为了实行有效的管理，所必须具备的基本功能。

第一，计划职能。计划职能是医院交通运输管理的重要职能。它是医院运输班组为了实现生产目标，根据医疗任务的需要统筹安排未来的生产活动的决策过程。

第二，组织职能。组织职能是实现计划任务的保证。它是要把生产的各个要素、各个环节及各个方面，从劳动的分工与协作上，从上下左右的关系上，从时间和空间的联系上都合理地组织起来，形成一个有机的整体，使人、财、物和环境等要素更好地结合，并最大限度地发挥作用。

第三，指挥职能。指挥职能是保证医院运输正常运转、实现计划不可缺少的条件。它是对医院各类人员运输的领导和调度，是借助指示、命令等权力手段，使领导者有效地指挥、履行职责、实现目标任务的要求。

第四，控制职能。控制职能是根据任务目标、计划、标准以及经济原则对医院运输的生产活动全过程进行检查、监督与整改，确保医院运输目标按预定计划全面完成。

第五，激励职能。激励是推动人们向着期望目标前进的心理动力。激励职能是在确定组织目标，充分考虑职工的需要，把生产活动的目标与职工的个人利益尽可能地结合起来，激发职工的动机，鼓励大家为实现生产目标而努力。

（二）医院运输管理的任务

医院运输管理的任务就是按照医院运输生产活动的特点和规律，对医院全部运输生产活动进行计划、组织、指挥、协调、控制和激励，使运输生产活动能以最小的投入，获得最大的产出。其具体任务主要有以下五方面：

第一，根据医院对交通运输的规划要求和运输任务的需求，确定汽车运输班组的发展方向和目标。

第二，合理利用医院运输班组的各项生产要素，不断提高劳动生产率，降低消耗，提高运输质量，增产节约，增收节支，不断推进医院运输的技术进步。

第三，建立合理的规章制度和经济责任制度，提高管理工作效率和医院运输班组人员素质，运用现代管理方法和手段，科学地组织运输生产，提高科学管理水平。

第四，正确处理运输与医院和职工之间的关系。既保证实现任务目标，又要逐步改善职工物质文化生活水平和劳动条件。

第五，分析研究医院运输生产活动的各种因素，协调它们之间的各种关系，使人、财、物得到合理组织、充分利用。

（三）医院交通运输的机构

医院成立司机班或车队，隶属于医院总务处领导。司机班（车队）设班长（队长）一人，行使司机班（车队）内部的管理职能。司机班（车队）由管理人员、驾驶员、维修人员等组成。有的医疗机构如急救中心，由于车辆多、任务重，交通运输机构也就成为医院一个更加重要的机构，独立设科或由院级主管领导直接管理。

（四）医院交通运输管理的职责

1. 司机的职责

（1）坚守工作岗位，服从领导，按任务单出车，服务热情、周到。

（2）逐项认真填写出车记录。

（3）严格遵守交通法规，安全礼让，文明驾驶。

（4）按时参加安全活动。

（5）要严格执行车辆"三检制度"，即出车前、行驶中、收车后的车辆检查。

（6）按时向班长报告行驶公里数和百公里耗油量。

（7）个人用车须经车管干部批准，不得私自出车。

（8）值班时要坚守工作岗位，随时做好出车准备。

2. 司机班长的职责

（1）执行医院车辆使用的管理规定，分轻重缓急合理调度车辆。

（2）掌握司机的技术状况和思想表现，派车时讲清任务并交代应注意的事项。

（3）对司机进行考勤和岗位责任的管理与考核。

（4）对司机的行车记录和耗油量随时进行检查，及时发现问题纠正问题。

（5）负责安排司机值班和检查在岗情况。

（6）监督执行交通法规和进行交通法规教育。

（7）组织完成车辆年检和司机年审工作。

（8）按时完成领导交办的临时任务。

3. 车管干部的职责

（1）参加医院交通安全管理委员会的日常工作。

（2）负责司机班的全面管理工作。

（3）掌握车辆的使用规律，督促检查车容和车辆保养状况，提出车辆检修计划。

（4）对司机进行职业道德、服务思想教育和安全教育，并进行岗位责任考核。

（5）负责司机班安全活动的组织领导与日常安全工作。

（6）负责交通违章和事故的处理事项。

（7）负责汽油、柴油、润滑油的领发管理工作，并经常进行耗油考核与节油管理。

（8）完成领导交办的临时任务，定期和不定期向主管领导汇报工作。

三、医院交通运输的管理

医院交通运输的管理是按照医院预定的运输工作目标和计划，充分利用人力、物力、财力资源，对运输生产的各要素、各环节进行合理安排，优化组合，从运输产品的时间、质量、数量和成本费用等要求出发，对为医院提供符合需要和用户满意的运输服务全过程进行计划、组织、协调与控制。

（一）医院交通运输的生产过程

运输生产过程是指从准备运送客货开始，到将客货送达目的地为止的全部过程。根据其对客货实现位移所起的作用不同，运输生产的全过程可划分为以下四方面：

第一，运输准备过程是司机班在运送客货之前所进行的一系列物质、技术和组织准备工作。如运输车辆的提供、人员的提供、行车路线的选择和时间的安排等。

第二，基本运输过程是指客货从起运地至到达地实现空间位移的全过程，它可分为客货的装载、运送及卸载三个主要环节。

第三，辅助运输过程是指为保证基本运输过程正常进行所必需的各种辅助生产活动。

如检查与维修车辆配备与调整行车生产人员工作等，辅助运输过程贯穿于运输准备、基本运输及运输结束工作的全过程。

第四，运输服务过程是指基本运输过程和辅助运输过程中的各种服务活动。如行车用燃油、轮胎、随车工具、维修用的原材料及工具设备等的供应和保管工作。

（二）医院交通运输车辆的作业计划

车辆运行作业计划是运输生产计划工作的继续，是有计划地、均衡地组织医院日常运输生产活动，建立正常运输生产秩序的重要手段。它的主要任务：一方面把医院车队与医疗机构需要有机地结合起来，协调一致地开展工作；另一方面不断提高运输效率，保证按期完成运输任务，全面地完成各项技术经济指标。车辆运行作业计划可分为以下三种：

第一，日运行计划，适用于客、货多变，临时性运输任务。这种作业计划需要每天编制，即在前一天下午编好第二天的作业计划，使次日运输任务有序进行。

第二，短期运行作业计划。对于在特定的短时期内，规律性强，运输量相对固定的运输任务可制订短期运行作业计划，如医院进行大型活动、会议、大宗货物的运输等。

第三，长期运行作业计划。主要适用于运输任务、线路和运量都比较固定的运输工作，如医院的职工班车、就医班车、医疗用品的供应和医疗废弃物的运输等，编制周期一般以季度或年度计算。

（三）医院交通运输中的车辆运用效率

评价运输工作的效率，必须采用一系列的评价指标，有了这些车辆运行效率指标，才能从数量上分析现有车辆的运载能力，车辆在时间、速度、行驶、载重量等方面的运用情况，为指挥运输生产编制、检查计划以及人才考核分析，改善和提高医院运输管理提供可靠的依据。

（四）医院交通运输中的货物运输管理

货物运输是医院正常工作中不可缺少的一部分，由于医院以医疗工作为主，医院货物运输一般来说量不大，主要货物运输任务也与医疗工作有关，如医疗设备运输，病人用血、活体组织及生物制品的运输，医疗废弃物的运输及其他普通货物运输等。医院货物运输根据其特点应注意以下三点：

第一，货物的安全性。医疗设备多是高科技精密电子产品，同时也是在受外力的情况

下易损物品，因此，在运送的过程中应注意货物的包装、保护。病人用血、活体组织及生物制品的运输除了注意货物的物理保护外，还有其特殊要求，如温度、光线等。

第二，运输人员的安全性。这里是指在运输有放射性或传染性病原物品时，应该注意特殊保护、隔离，保护运输人员不受危害。

第三，环境的安全性。在运输有公害的医疗废弃物时，应该注意运输的严密性和运输过程的卫生，以防医疗废弃物泄漏，危害环境卫生。

四、医院交通运输管理的发展趋势与社会化策略

（一）医院交通运输的发展趋势

随着市场经济的发展和社会化大生产的需要，医院的运输服务也逐渐发生变化，运输服务的社会化已成为医院运输服务发展的必然趋势。

第一，运输服务的社会化是市场经济发展的要求。随着社会的进步和科学技术的发展，人们对运输服务的管理水平和服务水平要求也越来越高，医院对运输的管理能力不高和投入不足，也造成了医院运输服务落后于社会水平，不能满足医院的需要。

第二，医院运输服务的社会化适应了医疗卫生事业发展的需要。①运输机构的社会化减轻了医疗卫生机构的负担。在管理上，单位领导可以有更多的精力去发展医疗卫生事业；在资金上，医院不但不用为日益增长的运输机构投入而发愁，还可以把节省下来的资金用于医疗卫生事业。②运输服务社会化后的房产可以有效利用到医疗卫生工作中去。随着医疗科学技术的发展和临床研究的不断深入，医疗设备越来越多，临床学科的分工越来越细，工作用房屋越来越紧张，运输机构撤销后空置下的房屋更加显得宝贵。③原运输机构职工可以补充到其他后勤服务部门，充实后勤服务力量。

（二）医院交通运输的社会化策略

第一，依靠社会力量，缩小医院交通运输规模。保留医院必要的车辆，如救护车、小型公务用车等，其他如货物运输、职工班车等向社会上专业运输机构购买服务。这种方法适用于运输任务量不大的中小医院。

第二，总额承包管理（又称为二级核算）。根据司机班各种费用计算出司机班的年费用额度，向医院内部总体承包，并制定具体的任务合同，司机班仍属于医院的一个机构，在为医院服务的具体任务时不发生具体费用关系。

第三，成立医院运输经济实体。司机班在人、财、物方面自主管理，自主经营，独立核算，根据自身情况制订发展规划，对医院实行有偿服务，并对外经营。这种方法可以减少医院对运输的投入，减轻医院管理者的负担。

第四，取消司机班，完全向社会专业运输机构购买运输服务。医院交通运输服务的社会化应根据医院自身的具体情况而定，既要坚持医院交通运输的社会化发展方向，又要兼顾医院的需求和稳定，即"积极稳妥、因地制宜、保证稳定"。

第二节　现代医院医疗器械档案管理

一、医疗器械档案的类型划分

(一) 医疗器械的购置档案

第一，医院各科需用的各类低值易耗器材，由各科每月拟订计划，交设备科审批，由采购员联系采购。采购人员在采购过程中必须严格自律，采购质优价廉的物品。仓管人员负责对各种低值易耗器材的验收工作，对不符合质量要求的器材坚决退换。医疗器械档案从购置开始立卷。

第二，单价在5万元或以上的设备购进，必须先由计划使用科室提出可行性报告，填写《医疗设备购置申请表》，并由科室核心组全体成员签名，交设备科加具意见，后提至医院办公会议讨论研究决定是否购买，产生的可行性报告，认证记录归档。

第三，洽谈购买时，由院领导、设备科领导、设备使用科室领导（或设备使用人员）参与洽谈。有关人员不允许单独与经销商接触洽谈有关买卖业务。对拟购的器械选择应具备多向性，有比较择优购买，洽谈成功必须签订正式供货合同，明确双方责任，参加洽谈人员不允许接受经销商的各种赠品及旅游邀请。在购买设备中获得的折扣全部归公，绝对禁止收受回扣。以供应商为单位建立供应商档案。

第四，设备到位的验收工作一般由本院设备科技术人员和使用科室负责人及档案室管理人员一同验收，并收集所有的档案资料。部分高精尖新设备，如本院不具备验收能力的，应邀请省市有关部门参与验收。参与验收人员必须认真负责，在验收表中签字确认，设备使用科室人员必须认真填写《精密、贵重仪器设备档案》内容栏目。

第五，各类精密、贵重仪器设备购买发票必须有使用科室领导、设备科领导及相关院领导签名才能付款，发票复印件归入档案。

（二）医疗器械的使用档案

1. 医疗器械的正确使用

（1）医疗器械最终用户部门应根据操作手册，对初次使用的医疗器械（设备）的医务人员进行细致认真的使用前培训及考核，培训记录建档。

（2）医疗器械最终用户部门应指派专人负责收集和保管所使用的医疗器械操作手册等资料，并归档。

（3）医疗器械最终用户部门应针对不同的医疗器械（设备）培养技术骨干，建立部门内技术档案。

（4）医疗器械最终用户部门应对相关医疗器械（设备）的操作进行定期考核，以保证下属医务人员对医疗诊断或治疗设备的正确有效操作，提高诊断准确率或有效治疗率。

2. 医疗器械的安全使用

（1）保证患者安全。在对医疗器械操作时，首先应保证被诊断或被治疗的患者安全。第一，医务人员在操作前，应对所用设备进行检查。发现有异常情况应停止对该器械（设备）的使用，及时通知部门内相关人员或负责人，并与维修主管人员取得联系。第二，医疗器械最终用户部门应严禁对相关器械（设备）操作不熟练的医务人员独立操作，尤其是由于操作不当会对患者造成伤害的治疗设备和抢救设备。第三，对于由于操作不当会造成伤害患者的治疗设备和抢救设备，最终用户部门应根据操作说明书及医疗规范提前制定需要重点注意的操作规程和应急方法，标识在操作者容易看到之处。

（2）保证操作者安全。操作医疗器械（设备）的医务人员应加强对所使用器械（设备）安全使用知识学习，尤其是操作与热、光、射频、有害射线等相关的设备，应做好自身防护。

（3）保证医疗器械（设备）安全。操作医疗器械（设备）的医务人员应对所操作的医院器械（设备）的安全给予重视。在使用时应严防其倒伏、跌落、碰撞、水浸及其他人为损坏情况发生。

（三）医疗器械的报废档案

第一，凡使用期满并丧失效能、性能严重落后不能满足当时需求、出于各种原因造成损坏且无法修理或无修理价值的医疗设备可申请办理报废手续。

第二，医疗设备报废，必须先由使用科室提出书面申请，说明报废原因、数量，经医疗设备科鉴定审核批准。单价1万元以上贵重设备必须经院领导审批后，方能办理报废，报废申请及时归档。

第三，经批准报废的医疗设备，由医疗设备科会计办理销账手续，建立残值账目，档案员办理相关档案手续。

第四，凡经批准报废的医疗设备必须送交医疗设备科，进价万元以上的设备须由设备科报国有资产管理局处理，报废器械档案留存五年。

二、医疗器械档案存储

医疗器械的计算机存储档案由医疗设备科（处）专职人员进行管理；医疗器械的技术档案由医院档案室专业技术人员进行管理。采用计算机加密技术的安全保密措施，并结合合理有效的保存时间，是确保医疗器械档案的完整性、准确性、安全性和系统性的重要手段。

医院器械计算机存储档案也称为日常账目管理，是医院器械前期运行中的重要内容之一，也是医疗器械经济管理的基础环节。其分为两部分：

（一）医疗设备固定资产类的计算机存储档案

医疗设备固定资产计算机存储档案即医疗设备固定资产管理系统，其中包括存贮招（议）标结果与存贮医疗设备出入库单据。

第一，存贮招（议）标结果。设备科（处）计算机管理人员将招（议）标结果录入固定资产管理系统中，内容包括招（议）标时间、中标公司及联系人电话、中标设备名称、规格型号、中标价格、生产厂商、注册证号、注册证到期时间等。

第二，存贮医疗设备出入库单据。采用"账、表、卡一体制"，建立医疗设备主卡片，内容包括医疗设备名称、编码、所属分类、规格、型号、使用科室、国别、生产厂家、供货单位、单价、数量、总价、入库日期、出库日期、启用日期、附件情况等，形成医疗设备明细总账、台账、分户账。在建立出入库单的同时，对每一台医疗设备自动生成医疗设备验收单和固定资产卡片。固定资产卡片包含医疗设备名称、规格、型号、生产厂家等内容，粘贴在设备上。系统可以根据日常需要，按照医疗设备名称、规格型号、价格、使用科室、购置日期、供应商、生产厂家等进行多途径检索、查询、制表及打印。

（二）医用耗材类的计算机存储档案

医用耗材类计算机存储档案是指医院物流管理系统，其存贮的档案主要包括：

第一，存贮科室购置申请单。

第二，根据科室申请产生的备货单。内容包括品名、规格、单位、数量、进价、供应商、取单时间、送货时间、取单人签字等。

第三，存贮器械出入库单据。采用"账、表一体制"，形成医用耗材明细账、分户账，在建立出入库单的同时，自动生成配送单。到货验收登记内容包括品名、规格、型号、生产厂家、供货单位、单价、数量、总价、入库日期、批号、灭菌批号、灭菌标识、失效期、使用科室、医院器械产品注册证号、包装、送货人等；配送单内容包括器械下送科室、名称、规格型号、数量、送货人、接收人等。

第三节　现代医院房产建筑管理

随着信息网络时代的发展，医院后勤管理的信息化进程应该加快，房产管理中档案管理手段现代化要求是十分迫切的。房地产档案工作是房地产管理的重要依据，是医院规划建设的真实记载。切实抓好房产档案管理制度的落实，使房产资料为医院的建设和发展服务。

一、医院房产管理档案的扩展

第一，从医院建设发展看，医院建筑密度逐年加大，地上建筑不断增加，地下管网纵横交织，必须有详细、准确完整的记载，才能使医院房产，无论是职工生活用房，还是医疗、医技工作以及医院大型医疗仪器和各项配套设备用房有案可查，因此都应建立房产管理档案。应划分档案记载责任区，落实档案追究责任人。

第二，房产档案内容收集应按上级规定要求。在收集方法上应采用现代手段，管理人员要有创新的思维，使房产档案具有声、像展示，图文并茂。文件微缩、录像带存储、电脑硬盘、光盘备用，查询系统建立等都有助于医院产权界定，有助于医院扩大规模的发展，有助于在整个医院医疗事业发展中、在医院做重大阶段总结中便于先后对比、新旧对比，有助于在基本建设中总结经验、吸取教训，提出新思路，进行新设计。

二、医院房产管理制度

(一) 房产管理的总则

第一，房产管理在主管院长领导下，统一由房产管理办公室（科）负责分配、调整用房。

第二，房屋属国家固定资产，必须保护房屋的完整性，充分发挥房屋的效益，延长房屋的使用寿命。

第三，任何单位、部门、个人不得以任何借口抢占房产，违者追究责任。

第四，任何个人不得以任何借口抢占公共场所用地，违者追究责任。

第五，使用部门和个人严禁对建筑物随意改建，以免对建筑物造成损伤和破坏。

(二) 医院临床用房的管理制度

第一，医院临床业务部门的用房由院领导研究分配，根据规划意图、建筑功能、部门设置、规模及长远设想，统一安排与调整。

第二，根据决定由房产管理部门或指定的职能处室负责分配管理。

第三，房产管理部门对医院临床用房要建立完整的保管制度，包括使用面积、设备情况、大修改建资料等，形成文件责成使用部门专人负责。

第四，房产使用部门要承担保卫、安全、卫生等义务，共同维护房屋的正常使用。

第五，严禁堵塞和占用消防通道，严禁在室内或通道内堆放易燃易爆物品。

(三) 医技科室房屋的管理制度

第一，要责成专人对本部门用房进行管理，了解建筑面积、设备情况、修改建情况。经常向房管部门反映情况。

第二，医技用房有特殊的建筑与防护功能，严禁挪用及拆改。

第三，用电设备要强调正规化管理，禁止部门和个人私自改动。

第四，要加强安全、保卫、防火、卫生等多方面综合管理，严密把守可能发生隐患的关口。保持消防设施的正常状态，做到有备无患。

(四) 行政、后勤用房的管理制度

第一，锅炉、供电、氧气、配电等重要部门要有其建筑上的特殊功能，严禁擅自拆

改，以免造成财产损失。

第二，要指定专人管理行政后勤用房，爱护公共建筑与设备。

第三，行政后勤用房要强调水、电设施的正规化管理，减少隐患。

（五）公用通道、走廊、房屋的管理

公用通道管理的是医院人员密集、交叉来往、运输的必然通道，因此要把这部分管理纳入房产管理中，防止管理疏漏造成通道拥挤，使用混乱，影响医疗活动效率。

第一，公用通道应分为建筑外道路（划在地产管理中阐述）、门诊通道、病房通道、病房门诊楼层通道、门诊候诊区、病房走廊区、门诊、病房与医技科室连接区、医技科室候诊通道等。

第二，在管理上统一归房产管理部门。①划分区域负责单位或指派专人管理。②对公用通道制定使用范围及禁止使用内容的规定，如门诊走道不宽畅要限定不宜候诊。楼层上下楼梯平台处不能随意堆放杂物以保证防火和应急疏散。③制定保护房屋建筑装修的措施、要求。④统一安排公用走廊标志。⑤整体规划公用通道、走廊、房屋区域人文景观，营造一个文化气息浓厚、优美、幽静、卫生的环境。

三、医院职工与家属的宿舍管理

解决医院职工住房和实施 24 小时留院制住院医师以及因各种情况无住房职工的集体宿舍是医院职工的生活需要，满足住房需求有利于解决职工后顾之忧。

（一）医院职工集体宿舍的管理

1. 职工集体宿舍管理原则

（1）根据本单位集体宿舍规模、分布情况，下设住宿办公室，并安排专职或兼职管理人员。

（2）设专职或兼职卫生人员及保卫人员。

（3）指定或由住宿职工推选舍长，协助管理人员工作。

（4）住宿人员要协助房管部门工作，不得以任何借口干扰房管工作。威胁、辱骂、殴打和阻碍正常房管工作者，追究责任，处以罚款，取消住房资格。

（5）集体宿舍实行安全、卫生、设备综合管理，住宿人员必须遵照执行。

2. 职工申请住宿程序

（1）个人申请，部门领导签署意见，房管部门批准。

（2）办理住房协议，根据协议规定办理手续居住、退房及退床。

（3）在房屋条件允许的情况下，兼顾部门、职务、年龄、工作性质、身体情况等因素。

（二）医院职工家属宿舍管理

在城镇住房深入发展的现阶段和实现住房商品化、社会化进程中，在住房、交通、交通工具还不够发达的现状下，必须从目前医院职工住房的实际情况以及医疗工作的特殊行业情况出发，考虑和研究解决职工家属居住条件问题。对医院自身有住房条件的可沿用原家属宿舍分配及管理的成熟办法。对于投入大量资金、集中购买小区提供家属宿舍的要把自身分配管理和小区物业管理相结合。

四、医院房产管理实施物业管理

物业管理是指物业管理企业受物业所有人的委托，依据委托合同，对其房屋建筑及其设备、市政公用设施、绿化、卫生、交通、治安和环境容貌等管理项目进行维护、修缮和整治，并向物业所有人和使用人提供综合性的有偿服务。物业管理具有社会化、企业化、专业化的基本特点。经营型物业管理最基本的特点是业主自治自律与物业管理企业统一专业化管理相结合；但物业管理要在确立业主的主人翁地位，尊重业主自治自律的前提下，实行统一专业化管理。

常规性的公共服务是指物业管理中的基本工作，是面向所有住用人提供的最基本的管理与服务，以保证正常的工作生活秩序，净化、美化生活工作环境。公共性服务管理工作的具体内容和要求在委托合同中要做出明确规定。

第一，房屋建筑主体的管理主要为房屋基本情况的掌握、房屋修缮及其管理、房屋装修管理。

第二，房屋设备、设施管理主要为：各类设备、设施基本情况的掌握；各类设备、设施的日常运营、保养、维修与更新的管理。

第三，环境卫生管理主要包括楼宇内外物业环境的日常清扫保洁、垃圾清除外运等工作。

第四，绿化管理是为美化物业环境而进行的管理与服务工作。

第五，治安、消防、车辆道路管理是为维护正常的工作、生活秩序而进行的一项专门性的管理与服务工作。

第六，公众代办性质服务是为业主代收代缴水电费、煤气费、有线电视费、电话费等。

物业管理从管理体制上改变了房屋管理在计划经济条件下政府各部门、企业单位采取行政手段直接进行行政福利型封闭式管理。从管理的内容改变了传统房屋管理长期以来以单一收房租养房为主要内容的管理形式。通过全方位、多功能的自身经营机制实现有效管理。从管理机制上改变了传统房屋管理，由单位自身管理，用房户长期处于被动地位的局面，使产权人、使用人有通过市场选用或不选用的自主权利。

因为物业公司综合服务性强，使物业管理不仅维护正常工作、生活秩序，还可以解决一些突发问题。又因为它的专业性强，在综合服务中的每项内容，几乎就是一个专业，所以能提供更好的专门技能服务。更新观念，顺应潮流，医院房屋首先是职工用房，无论是新建还是原建托管都应参与到新兴的物业管理当中去。

五、医院住房制度的深入发展

医院房屋建设是医院产权重要组成部分，资金占有量大，管理内容多而复杂。按照社会主义市场经济发展和国家城镇住房制度的深入发展要求，使医院自管房屋主要指职工家属住房的深入发展工作从管理上产生了新的变化，拓展了医院房管科的功能，同时对房管水平提出了更多要求。因此房管队伍必须提高认识，加强学习，掌握政策。

城镇住房深入发展的根本目的就是建立与社会主义市场经济体制相适应的新的城镇住房制度，实现住房的商品化、社会化。医院管理者要紧跟房改规定，结合医院实际住房情况，创新思维，创新工作。

城镇住房制度深入发展的基本内容就是把住房建设投资由国家、单位统包的体制改变为国家、单位、个人三者合理负担的体制；把住房实物福利分配的方式改变为以按劳分配为主的货币工资分配方式；建立以中低收入家庭为对象，具有社会保障性质的经济适用房供应体系和以高收入家庭为对象的商品房供应体系；建立住房公积金制度；发展住房金融和住房保险，建立政策性和商业性并存的住房信贷体系；建立规范化的房地产交易市场和发展社会化的房屋维修、管理市场，逐步实现住房资金投入产出的良性循环，促进房地产业和相关产业的发展。

根据上述内容，医院房管科应积极推进做好住房公积金的管理，做好住房租金的深入发展。为医院职工有条件购买公有住房落实各项政策、办法，稳步推进，积极管理。对单位自管房还要加强售房后房屋维修、养护管理工作。

第四节　现代医院设备档案管理

设备档案资料是设备制造、使用、管理、维修的重要依据，为保证设备维修工作质量，使设备处于良好的技术状态，提高使用、维修水平，充分发挥设备档案资料在日常设备管理中的重要职能是十分重要的。

"医疗设备档案管理不仅与病人密切相关，而且对医院的发展、壮大影响重大。"[①] 建立医院设备档案，并不断补充完善其内容，充分利用档案资料数据是做好医疗设备管理工作的重要条件。目前，医院设备档案网络信息化是现代医院设备管理实现档案资料电子化、录入查询信息化、统计数据精准化的重要手段。

一、医院设备档案的资料收集

第一，设备管理部门负责图纸资料的收集工作，将设计通用标准、检验标准、设备说明书以及各种型号的设备制造图、装配图、重要易损零件图配置完整。

第二，新设备引进医院，需要通知资料员及有关人员，开箱并收集随机带来的图纸资料，如果是进口设备须提请主管生产（设备）的领导组织翻译工作。随机说明书上的电器图，在新设备安装前必须复制，以指导安装施工，原图分级妥善保管。

第三，设备检修与维修期间，由设备管理部门组织技术人员对设备的易损件、传动件等进行测绘，经校对后将测绘图纸汇总成册存档管理。

第四，随机带来的图纸资料及外购图纸和测绘图纸由设备管理部门组织审核校对，发现图纸与实物不符，必须做好记录，并在图纸上修改。设备管理部门组织将全医院设备图纸如装配图、传动系统图、电器原理图、润滑系统图等，进行扫描电子化制作后，供技术人员维修使用，原图未经批准一律不外借或带出资料室。

---

① 孙德卿，张婧，陈琦，王跃. 新时期医院医疗设备档案管理策略［J］. 生物医学工程学进展，2020，41（01）：52-54+62.

二、医院设备档案的资料管理

第一，图纸的分类整理。所有进入资料室保管的蓝图，资料员必须经过整理、清点编号、装订（指蓝图），登账后上架妥善保管。图纸入资料室后必须按总图、零件、标准件、外购件目录、部件总图、零件的图号顺序整理成套，并填写图纸目录和清单/详细记明实有张数，图面必须符合国家制图标准，有名称、图号，有设计、校对、审核人签字。

第二，底图的保管。①所有底图按设备类别清点、编号、记账以保证抽晒、归还准确无误；②底图的修改应由设备管理部门有关负责人员签名（盖章）批准，注明修改日期；③底图作废、销毁，应由资料员提出交设备管理部门组织技术员分别核实，确定无保存价值者，列出清单，经设备管理部门负责人批准后方可销毁。

第三，动力传导设备技术档案资料的保管。①动力传导设备技术档案资料是指蒸气管系、压缩空气管系、乙炔管系、氧气管系、高低压电力电缆、电力架空线路、电话电缆等的平面附设布置图；②动力传导设备档案资料由设备管理部门组织有关技术人员按照各种电缆、管道的实际附设走向进行测绘，底图交医院资料室做密级资料保管；③档案资料必须保持与实物或实际情况相符，根据医院发展情况，档案资料必须做相应的变动，修改后归档。

第四章 现代医院科研与人事档案管理

第一节 现代医院科研档案管理

一、医院的病理科管理

（一）医院病理科的地位

病理学是医学科学中的基础学科之一，它是基础医学与临床医学之间的桥梁。病理科是我国医院主要科室之一，直接为临床服务，主要职责为对人体切取的组织和细胞等进行观察，以确定疾病的类型，为临床决定治疗方案、确定手术范围提供依据，从而提高临床诊断及处理水平。

在医院科研工作中，实验动物的形态学观察是实验教学中一个重要的可以重复对比的组成部分。在临床病例分析、个案报告、经验体会等文献中，没有确定的病理诊断做依据的文章是没有价值的。

国外临床病理科包括我们国内的临床病理科和检验。临床病理科的主任由具有 MD、PhD 学位的病理学家担任。

（二）医院病理科的工作范围

第一，医院病理科在医疗方面的工作范围包括：①临床各科送检的活检、手术标本及冰冻诊断；②脱落细胞学检查；③参加院内疑难病例会诊及死亡病例讨论；④院外切片会诊；⑤法医委托会诊。

第二，医院病理科在教学方面的工作范围包括：①病理专题报告；②临床课中有关病理部分的授课；③召开临床病理讨论会；④培训本院各科年轻医师、研究生、外院进修的医技人员；⑤提供教学需用的大体标本、照片、幻灯片等；⑥储备材料供做手术前练习。

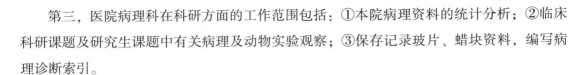

第三，医院病理科在科研方面的工作范围包括：①本院病理资料的统计分析；②临床科研课题及研究生课题中有关病理及动物实验观察；③保存记录玻片、蜡块资料，编写病理诊断索引。

（三）病理检查报告的规范用语

第一，病理报告书写应字迹清楚、规范，须经认真核实无误后再签名。

第二，按照最新国际通用的病理分类命名的中文全称书写。

第三，不使用简称或英文缩写。

第四，对新发现的罕见病，或以人名命名的疾病，应注明原文写法或文献出处。

第五，对诊断起决定性的特殊技术，如免疫组化、超微结构等结果，可简要注明。可以提出建议进一步检查，但不能涉及治疗。请专家会诊应注明。

第六，不能肯定诊断可用"考虑""疑为""不能排除"。缺少典型特异病变但不能否定临床诊断时，可用"符合"，请结合临床。淋巴结转移以分数表示，分母为总检查数，分子为淋巴转移（+）数，（0）为无转移。

第七，病理报告是诊断性报告，不必描述与诊断无关的形态结构。

第八，如以前曾在本院或外院做过有关的病理检查，应注明对比检查结果。

（四）病理会诊与诊断中心的设立

成立病理诊断中心应能达到：集中人力、物力，有利于提高设备的档次、利用率及诊断的准确性。中小医院可同时享受高质量的病理诊断，提高临床诊治水平。有利于年轻病理医师的全面培养，有利于高年的医师的专科发展。随着医疗深入发展，病理收费的合理化，独立的病理诊断中心的成立将会成为必然，它会对提高基层医院的诊治水平起到重要作用。

成立病理会诊中心是提高病理诊断水平、节省资源的有效措施。会诊中心应能帮助临床医生早日确定诊断使患者得到正确治疗。在较小地区成立跨医院的病理会诊中心能起到集中优秀人才共同启发学习提高的作用。但如在一些医院较多而又分属不同系统领导的地区（例如北京），目前只能自愿结合形成小片松散的会诊中心。

（五）医院病理科的发展趋势

现代病理学仍然是建立在细胞学基础上，以细胞学方法研究疾病发生发展规律，所论述的基本是细胞和组织的病变，即使超微病理、免疫组化以及原位杂交等技术的应用也并未改变这一基本事实。

但是进入 21 世纪后，越来越多的事实说明任何疾病和病理过程都伴有基因活动异常，许多疾病都是基因损伤及其表达异常的直接后果。当前病理学家面临的研究和势在必行的工作是观察致病基因对疾病影响的频率和程度，用于疾病的识别和诊断，推测其发展和预后。这些站在世界前沿的纯理论性研究是医科大学和研究所的事，短期内很难能应用到具体的临床患者身上。

二、临床实验室管理

（一）临床实验室的服务

实验室应以采用对患者伤害最小的方式，及时、准确地提供临床所需的诊断和治疗信息为服务宗旨。实验室的最终服务对象是患者，直接服务对象是临床医师。医院的实验室服务通常包括临床病理和解剖病理两种形式，临床病理等同于我国的检验科工作，解剖病理即指医院病理科的工作。实验室服务可以概括为以下类型：

第一，临床化学。对人体不同成分浓度的检测。

第二，临床血液学。对血液及其组成成分进行研究，如白血病、贫血和凝血异常的诊断。

第三，临床免疫学。免疫反应相关因素的评价，包括正常免疫反应（如对病毒）、异常免疫反应、自身免疫反应（如风湿性关节炎）的评价。

第四，临床微生物学。研究人体内的微生物，如细菌、真菌、病毒、寄生虫等。

第五，临床输血研究。血液收集、匹配性和安全性检测、血液发放等。

第六，结果解释。为临床医师就检验结果的临床意义进行咨询，也可以就下一步的实验选择和治疗方案进行讨论。

实验室的服务不能局限于提供一个定量或定性的检验报告，其技术含量应重点体现在对检验项目的选择和检验结果的解释上，在这个方面我国的检验医学与发达国家相比还存在较大的差距，应该引起医院管理者足够的重视。

（二）临床实验室的作用

实验室的作用体现在利用必要的实验室技术在建立或确认对疾病的诊断、筛查，监测

疾病的发展过程和观察病人对治疗的反映等方面提供参谋作用。

第一，诊断方面。医师可以根据检验结果并结合病人的症状、体征和其他物理学检查综合对患者所患疾病进行诊断，如乙肝两对半可帮助对乙型肝炎的诊断。另外，检验结果虽不能帮助对病因进行诊断，但可以建立初步诊断以帮助治疗，如对不明原因低血糖症的诊断。

第二，治疗方面。检验结果可用于追踪疾病发展过程，监测治疗效果，指导治疗用药。

第三，筛查方面。首先可对健康人群，如献血员、从事餐饮业工作人员及新生儿相关疾病的筛查；其次也可对处于已知危险人群，如表面抗原携带者的亲属进行乙肝项目的筛查、对有心血管病家族史成员进行血脂的检查。

第四，预后方面。检验结果也可提供预后信息，如血清肌酐水平可以提示患者的预后以及何时需要进行透析治疗。临床实验室的功能为在受控的情况下，以科学的方式收集、处理、分析血液、体液和其他组织标本并将结果提供给申请者，以便其采取进一步的措施，实验室同时应提供对诊断和治疗有益的参考信息。

临床实验室的检验质量不仅仅是购置先进的仪器设备就可以解决的，建立完整的质量体系才是实验室作用和功能充分体现的根本保证。

（三）临床实验室的管理内容与过程

1. 临床实验室的管理内容

（1）临床实验室管理具备的条件。管理渗透到现代社会生活的各个方面，凡是存在组织的地方就存在管理工作。成功的实验室管理至少具备以下五个条件：

第一，实验室希望达到的目的或目标。实验室的工作目标是以经济的和对患者伤害最小的方式，提供有效、及时、准确的检验信息，满足临床医师对患者在疾病预防、诊断、治疗方面的需求。当然，不同实验室的工作目标也可有所不同。例如，有的实验室可将目标瞄准国际一流，参加国际上统一标准的实验室认可，争取与国际接轨；有的可定位为地区内检测项目和水平领先的实验室，也可以将目标定位于主要满足本院临床医师和患者的需求。目标确定以后，实验室应进一步确定分目标以保证总目标的实现，这些分目标应紧紧围绕总目标而制定，如检验质量水平的分目标、检验周转时间的分目标、盈利水平的分目标、检验覆盖水平的分目标等。总目标是长远计划，分目标为近期计划。

第二，管理者必须具备领导团队达到目标的权力。要达到实验室设定的目标，实验室管理者必须具有相应的权力，如实验室内部组织结构的设定权、人事安排权、财务分配权等。医院领导只有授予实验室管理者这样的权力，才能保证实验室管理者在实验室中的领导地位和权威，有利于实验室工作目标的实现，有利于医院工作总目标的实现。目前多数实验室的管理者在实验室内部没有相应的人事权和财务权，这些因素形成对实验室管理工作深入开展、实现实验室工作目标的最大制约。

第三，必需的人力、设备、资金等资源。资源是实现实验室工作目标的基础，没有资源作为保证，任何形式的组织目标都会成为空中楼阁。如实验室的检验周转时间工作目标非常明确，但如果没有足够的技术人员、没有自动化的仪器，就不可能满足临床尽快返回报告的要求；如果没有既了解实验技术，又熟知临床医学的检验医师，就不可能达到对临床提供咨询服务的工作目标。

第四，个人工作岗位描述和工作目标。实验室管理者应该有效整合实验室工作目标和个人工作目标，每个岗位的工作内容都应该围绕完成实验室的总体工作目标而设定。因此，要对每一个工作岗位包括领导岗位进行详细描述并明确其职责，同时明确专业组之间、工作人员之间的关系。切忌一个工作岗位受多人领导的情况，对每个岗位的工作描述最好能有量化指标，这样便于了解和评价工作人员的具体表现。

第五，评估与改进实验室。应定期（通常为半年或一年）对其工作情况进行评估，这种评估要紧密结合实验室制定的目标是否能够实现、实验室在资源的整合上是否存在缺陷、实验室工作人员是否能够达到该岗位的需求等开展。评估的结果主要为了改进工作中存在的不足，有利于工作目标的顺利实现。

（2）临床实验室中的管理者。实验室管理者要在管理活动中有效地发挥作用必须有一定的权力和能力，实验室管理者的权力通常是通过医院领导任命和授权取得的，但我们不应忽略实验室管理者本人的威信和声望所获得的影响力也是权力的一个重要组成部分。实验室管理者的能力主要是指组织、指挥能力，技术、业务能力，影响、号召能力，作为一个实验室管理者，要尽量满足这三种能力要求，但是在不能求全的情况下，对于管理者而言，最主要的能力应该是组织和指挥能力。因为实验室管理是大量的组织、指挥、协调工作，而不是单纯的技术、业务工作。

设计每一个检验项目的工作流程，组织实验所需资金和设备等资源，提供检验结果和服务，努力满足医生、患者的需求是实验室管理者必须掌握的技能。目前我国的现状是实验室管理者多是生化、血液、免疫、微生物中某个专业的技术专家，技术和业务能力较强，影响、号召力也有，唯独缺乏组织和管理能力，缺乏在此方面的系统培训。医院领导

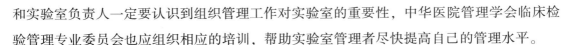

和实验室负责人一定要认识到组织管理工作对实验室的重要性，中华医院管理学会临床检验管理专业委员会也应组织相应的培训，帮助实验室管理者尽快提高自己的管理水平。

实验室要想取得成功，就必须有具有领导和管理才能的人员承担起实验室的管理工作。实验室管理者要有清晰的管理思路和工作方式，必须拥有敏锐的洞察力，善于发现检验技术的发展方向，接受良好的教育并具备相应的管理能力，有良好的身体条件，精力充沛，反应敏捷，思路开阔，勇于开拓，愿意承担责任，有从事检验工作的知识、经验和教训，对经营、财务管理等专业知识有一定的了解。

（3）临床实验室管理中的人员工作方式。现今的医疗环境要求实验室的工作应具有有效性、准确性、时效性、经济性和安全性，而实验室的检验项目、检验技术、分析仪器、实验人员等工作环境总是处在不断的变化之中，这就对实验室管理提出了很高的要求。尽管实验室的工作环境在不断变化，但实验室管理的工作模式可以相对稳定，现就实验室管理人员的工作方式建议如下：

第一，在与医院领导、临床科室及医院有关部门商议后，明确实验室能够提供的检验服务和水平。

第二，配备足够的设备和人员等资源满足医师、患者等实验室用户的需求。

第三，实验室工作人员必须接受过专业和管理的双重教育和培训，并达到国家规定的相应资格要求。

第四，建立实验室质量保证体系，制定实验室管理文件，定期审核和修订以保证质量体系的正常运转和不断改善。

第五，对实验室的收入和支出应实行有效的管理和控制。

第六，积极参加临床实验室认可活动，从管理和技术两方面对实验过程实施从分析前、分析中到分析后的全面质量控制。

第七，建立实验室内部和外部的沟通制度，沟通必须是双向的和开放的。

第八，实验室应有发展规划，要对实验室有明确的定位、未来希望达到的目标以及在现有的环境下通过采取什么样的措施才能达到这个目标。制定短期应达到的分目标应是整个战略发展规划的一部分。

第九，检验结果必须以准确、完整、易于理解的方式迅速送达医生等用户手中。

第十，实验室有责任就检验报告为临床医生提供科学的解释和参考意见。

2. 临床实验室的管理过程

实验室管理是整合和协调实验室资源以达到既定目标的过程。管理过程通常由计划、组织、领导和控制四个阶段组成。计划阶段主要指确立实验室工作目标，实行目标管理；组织阶段则是指对实验室内部的人、财、物等各种资源进行有效整合和分配；领导阶段是指实验室管理者应建立一系列规章、制度和标准，并依据有关规定领导实验室人员的具体工作；以建立的文件对已做的工作进行对比检查，协调、控制整个检测过程，并修正已建立的目标及相关程序，此为控制阶段。管理过程中计划、组织、领导和控制并不是完全独立的，实际工作中管理者常常需要同时进行几项工作。管理过程的运行循环往复，可不断改进与完善。

（1）临床实验室的计划。计划是指通过对相关信息进行分析并评估未来可能的发展，从而决定未来应进行的行动的过程。

从实验室的角度来说，确定实验室未来的方向，从而考虑怎样利用资源达到实验室的目标，便是实验室的计划。管理的首要活动是计划，计划将对未来产生重大影响。实验室管理者的一个重要职责就是制订计划，实验室的远期目标和近期目标是计划的重要内容。计划主要包括建立工作目标、评价现实状况、明确时间进度、预测资源需求、完成计划内容、听取反馈意见等内容。管理者应首先确立实验室的长远发展目标，然后围绕长远目标建立近期工作计划，如长远目标是建设与国际接轨的、通过国家认可的实验室，在确定这个远期目标后，近期计划应该包括何时能够配置满足认可所需的实验室设备、空间和人员，何时完成认可所需的文件准备，怎样建立实验室的质量体系。总之要有计划、有步骤地满足实验室认可管理和技术两方面的全部要求。近期计划要与远期计划有效结合，要围绕着远期计划完成。目标制定以后的具体工作，如书写标准操作规程和程序文件可以由专业组或技术人员完成。

实验室的内外部环境总是处于不断的变化之中。要注意的是，计划并非医院领导的专利，实验室和其下属的专业组都要计划怎样达到自己的目标。

（2）临床实验室的组织。组织是有意识地协调两个或两个以上的人的活动或力量的协作系统。有了计划以后，便要将机构组织起来，以便完成计划的目标。通过计划确立了目标以后，就要将实验室内部的人、财、物等资源合理配置，建立组织框架，妥当划分工作范围，高效利用现有资源，努力实现制定的目标。实验室的组织结构为金字塔形，通常以组织框架图来表示，它明确了实验室中的上下级关系，专业组之间以及工作人员之间的关系。实验室管理者应投入一定的精力建立和维持这种层次关系，而维护这种层次关系主要应通过制定实验室规章制度、工作流程、程序文件来实现。

在进行组织活动时应注意以下原则：

第一，目标性。每一个工作岗位都有明确的工作目标和任务，这些岗位目标应与实验室的总体目标保持一致。

第二，权威性。必须明确界定每一工作岗位的权限范围和内容。

第三，责任性。每一工作人员都应对其行为负责，责任应与工作权限相对应。

第四，分等原则。每一个工作人员都清楚其在实验室组织结构中所处的位置。

第五，命令唯一性。一个人应只有一个上级，不宜实行多重领导。

第六，协调性。实验室的活动或工作应很好地结合，不应发生冲突或失调。

（3）临床实验室的领导。领导是指影响、指导和激励下属，使下属的才能得以发挥，从而促进机构的业务发展。领导的本质是影响力，领导者依靠自己的个人魅力把组织中的群体吸引到他的周围，取得他们的信任，实验室中的工作人员心甘情愿地追随他为完成实验室的目标而努力工作。领导是一个对人们施加影响的过程，是一门艺术。领导者面临随时可能发生变化的内外环境，面对不同背景和需求的人，因此做好领导就一定要有影响能力。领导是一项目的性非常强的行为，它的目的在于使人们情愿地、热心地为实现组织的目标而努力。

（4）临床实验室的控制。控制就是监督机构内的各项活动，以保证它们按计划进行并纠正各种偏差的过程。其目的是要确保每个员工都朝着既定的目标前进和发展，以及尽早把错误改正过来。如果所有上述管理过程进行十分顺利，则不需要进行控制工作，但事实上这是不可能的。控制活动主要涉及建立控制标准、衡量执行情况和采取纠正措施来完成。

第一，建立控制标准。建立标准是实现有效控制的基础，实验室应尽可能地为各项工作建立标准，以评价工作的执行情况。由于管理者不可能对所有过程进行监督并与标准进行对照，故应挑选出一些关键的控制点，通过对它们的衡量和监督实现对全部活动的控制。如在实验室的质量管理中，建立室内质量控制标准，用二倍标准差或三倍标准差监测检验的重复性是否良好。

第二，衡量执行情况。实验室管理者可以通过个人观察、统计报告、书面报告等形式收集实际工作的数据，了解和掌握工作的实际情况，并与标准进行比较，衡量实际工作与制定的标准是否存在差距。

个人观察。没有任何其他方法能取代管理者直接观察工作状态和与工作人员接触以了解其实际活动，因为这样可获得第一手资料，避免了可能出现的遗漏、忽略和失真。但这种方法也有一定的局限性：首先是费时费力，不可能普遍应用；其次，仅靠一般观察往往不能了解到深层的问题，管理者很可能被假象所蒙蔽。为了克服这些问题，进行现场调查和观察时，应准备好调查提纲，选择恰当的时间，采取灵活多样的形式，如召开座谈会、个别访问等效果会更好。

统计报告。将日常实际工作采集到的大量数据以一定的统计方法进行加工处理后可制成多种报告。特别是引入计算机技术后，这类报告有可能得出一些深层信息和结论，如通过每月室内质控表不难看出实验室质量存在的问题和发展趋势。从室间质评机构发回的室间质评结果不仅可以知道自己实验室的准确度，还可以了解到各类仪器性能的优劣。因此实验室管理者在进行科学管理时愈来愈多地依靠报表来衡量实验室的实际工作情况，并由此发现存在的问题。

书面报告。在既往管理者往往要求下级对一些工作和情况做出口头报告，随之给以口头指示。这类方式存在一定的随意性，一旦出现分歧和问题，往往无法说清。现代化的实验室目前更多地采用书面报告和批复的方式，既便于存档复查，又便于弄清问题。在实际工作中还存在一些其他类型的方法，如抽样检查等，管理者可以灵活加以应用。在此阶段最重要的是管理者应设法保证所获取的信息具有准确性、及时性、可靠性和适用性。

第三，纠正行动。控制过程的最后一项工作是采取纠正行动。最常用的是除外控制，也就是纠正由标准与实际工作成效的差距产生的偏差。纠正偏差的方法有两种：要么改进工作，要么修改标准。改进工作：这是最常用的方法。首先应分析问题所在和偏差产生的原因，然后采取相应的行动，如改变检测方法、变动实验室内部结构、改变人力资源分配等。修改标准：在少数情况下，偏差是由于标准制定不合适引起的，这样就要求对标准进行修改。

三、医院的计划医学科研管理

"医学科研计划是一项科学性、政策性、时间性均较强，并且内容复杂、层次较多的一项管理工作。"① 它是医学科技管理工作的重要组成部分，贯穿于医学科研的全过程，关系到科学潜力能否发挥、科研能否取得成就。

（一）医院与医学科研管理

医学科学研究是医学可持续发展的基础，是保证和不断提高医疗质量、培养医学人才

① 李华芳. 浅谈制定医学科研计划的基本原则 [J]. 中国卫生事业管理, 1988 (04): 39-41.

和实现医院管理现代化的需要，也是现代医院的一项重要任务。医院从来就是开展医学科研的基地，是否开展科学研究、科研课题、科技成果和科技人才的多少以及科研水平的高低已经成为一所现代化医院不可缺少的标志。

1. 医院在医学科研中的作用

（1）医院是医学科研的重要载体。医学科研需要投入，现代科学研究朝多学科交叉方向发展，更需要大量人、财、物的支撑。医院除了能为医学科研提供人才、物力和资金上的支持外，还用大量临床病例资料和丰富的临床实践经验，支撑医学科研，成为医学家们开展医学研究的重要载体。

（2）医院的临床医疗需求是医学科研的动力。医院的临床工作即如何诊断和治疗疾病，是医学科研的直接动力。

（3）医学科研的成果必须在医院得到验证。医学研究特别是基础医学研究的目的是诊治人类的各种疾病，但是如果一项新技术或者新药品仅仅停留在动物实验阶段，而不在医院的临床实践中验证，就不能投入使用。

2. 医院科研的发展趋势

（1）医院科研向综合性更强的研究发展。随着向"生物—心理—社会"医学模式的转变，现代医院科研要揭示疾病的内在机制，必须以综合应用各门自然科学的最新成果为条件。可以预测，今后其他学科最新的研究成果将更多地向医学研究渗透。

（2）医院科研向动态和定量的研究转变。现代科学技术的发展，已经为动态的定量研究提供了必要的手段，在临床医学中，可以使用各种先进仪器设备对生命现象进行更加精确、微量的分析，甚至可以应用量子力学来研究复杂生物分子价电子的运动规律。

（3）医院科研向更注重辩证思维发展。现代医学中，理论对实践的指导作用大大加强。在临床医学的研究中，不仅需要仔细观察、实验和记录，还需要大量的辩证思维，从多角度来进行合理的推理和分析，科学思维将占据越来越重要的地位。

（4）研究方法不断改进。电子显微镜、放射性同位素、计算机和计算机网络已经在医院广泛应用，今后，医学实验仪器将向更高、精、尖方向发展，使医院可以开展更加精密、更加复杂的研究。

（二）医学科研规划与计划

1. 医学科研规划的特点与内容

医学科研规划是医学科技发展的战略目标，体现了医学科技发展的战略决策。

（1）规划及其特点。规划是指谋划、筹划。规划是对某事物进行全面、长期的计划。例如，科研发展规划就是指在相当长的一段时间内，科技发展的总体框架。规划是一个总体的框架，其内容必须具备两个特点：

第一，全面性。规划的内容不求具体，但必须全面。既要体现总体设想，又要体现科技政策；既要反映战略目标，又要反映部署方案。

第二，长期性。规划是一个总体的发展方向，体现着卫生政策和方针，一旦制订，则必须在相当长的一个时期内保持稳定。因此，规划的时间期限必须长，一般应该在 10 年以上。

（2）医学科研规划的内容。医学科研规划是指对医学科研工作进行的筹划。也就是说对医学科研工作进行全面的长远的总体计划。其内容有两方面：

第一，纲要。纲要是规划的核心部分，是对医学科研规划总体设计的概括。包括：①指导思想；②战略目标；③具体目标；④主要任务；⑤发展要求；⑥主要措施。

第二，专项规划。专项规划就是对规划项目的具体安排，包括：①项目名称；②开发推广；③资源配置；④基本建设。

2. 医学科研计划的特点与内容

医学科研计划是医学科研的战术安排，体现了医学科技发展的行动方案。

（1）计划及其特点。计划是指计谋、策略。计划是对某事物进行明确的、期限较短的安排。也就是说，计划是一个为达到目标制订的具体行动方案和安排。计划必须具备两个特点：

第一，目标手段明确。计划要求比较具体，不论是科研目标，还是实施的手段都必须明确。如果计划中对要达到的目标和达到目标需要采取的手段不明确，似是而非，模棱两可，就不能称作计划了。

第二，时间期限较短。计划是实施规划的具体方案，内容比较具体，影响的因素较多。所以，计划的时间期限较短，一般在五年以内。

（2）医学科研计划的内容。医学科研计划是为医学科研规划的实施而进行的具体安排。也就是说为医学科研工作的实施而制订的行动方案和方法安排。计划的内容包括以下三方面：

第一，计划目标。医学科研计划的目标是医学科研工作的方向。目标既具有指令功能，又具有考核功能。因此，科研计划目标的确定和执行结果的考核是科研计划的两个基本环节。如果没有目标计划，就失去了科研的意义。

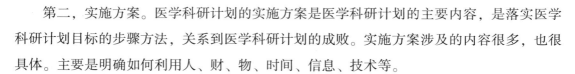

第二，实施方案。医学科研计划的实施方案是医学科研计划的主要内容，是落实医学科研计划目标的步骤方法，关系到医学科研计划的成败。实施方案涉及的内容很多，也很具体。主要是明确如何利用人、财、物、时间、信息、技术等。

第三，保证措施。医学科研工作不是独立的工作，需要一些保障措施。如基础生活设施、科研规章制度、科研道德等。这些虽然不是科研工作，但对医学科研的影响也很大，必须作为保证措施编入医学科研计划之中。

3. 医学科研规划与计划的联系

（1）医学科研规划和计划是两种不同的概念。

第一，本质不同。医学科研规划与医学科研计划有根本上的区别。医学科研规划是科技方针政策和总体设想的科技发展的战略体现，而医学科研计划是为实现医学科研规划目标所制订的战术安排。

第二，内容各异。医学科研规划与计划的内容范围各有差异。医学科研规划是全局性的规划，比较宏观、全面，而医学科研计划是具体实施的计划，比较明确、具体。

第三，时限不等。医学科研规划与计划的时间期限长短不等。医学科研规划的期限较长，一般在 10 年以上（也有 8 年以上之说），而医学科研计划的期限较短，一般在 5 年以内。

（2）医学科研规划和计划相互关联。医学科研规划和计划只不过是一个事物的两方面，关系密切，相互关联。一方面，医学科研计划被医学科研规划决定；另一方面，医学科研计划是医学科研规划的重要组成部分。

（三）医院医学科研规划的制订与管理

医学科研规划是医学科研工作的长期发展计划，关系到医院科研工作的开展。国家有国家的发展规划，行业有行业的发展规划，医院也应该有医院的发展规划。无论是哪个地域的医院，不论是多么大的医院，要把医院的业务建设搞上去，都必须有一个正确的医学科研规划。因此，医院院长要对医学科研进行管理，就要先对医学科研规划进行管理。

1. 医学科研规划的制订依据

医学科研规划是医院科技发展长远的战略目标，一定要合适、合理、合法。否则，规划就背离了宗旨。因此，在医院制订医学科研规划时，一定要有依据。根据规划的内容，在制订本院医学科研规划时的依据有：

（1）国家科技发展规划。医院制订的医学科研规划必须符合国家的科技发展规划。国家制订颁布的科研规划，就是我国所有科技工作的奋斗目标，也是卫生科研工作的发展总原则。

（2）国家卫生工作方针。医院制订的医学科研规划必须遵循国家的卫生工作方针，包括卫生政策、卫生深入发展方向等。

（3）社会发展客观需要。医院在制订医学科研规划时，还要依据社会发展的客观需要。医院是为社会提供医疗卫生服务的，医学科研的目的是提高医疗服务质量。因此，医学科研规划要以社会的需要为依据，这样才有生命力。如果医院脱离了为社会服务这个原则，医院的存在就没有意义。同理，如果医学科研规划背离了社会需要，也是没有多大意义的。

（4）医学科技发展水平。医院制订医学科研规划时，必须参照医学科学的发展水平。虽然医学科研需要有超前的意识，但绝不能脱离实际凭空想象，必须有科学的依据。脱离医学科学发展水平的医学科研规划，是不可能实现的。

（5）医院本身实际能力。医学科研规划的制订，还有很重要的一条就是要结合本院的实际情况和能力。医院的规模、实力等区别很大，科研的能力和水平相差也很大，在制订医学科研规划时不能相互攀比，搞"一刀切"。如果医院不根据自己的实际科研能力来制订医学科研规划，要么起点太高根本就达不到，要么目标太低就是达到也没有价值。

（6）医学科研规划的制订原则。制订医学科研规划是一项带有政策性的严肃工作，关系到医院业务建设的成败，必须有一定的原则。在制订医学科研规划时，必须坚持以下原则：

第一，突出重点的原则。医学科研工作不同于医疗工作，是医院科技发展的方向。因此，制订医学科研规划时一定要重点突出体现特色。医学科研规划的重点突出，能体现出医院发展的特色，医院的科技发展就快。

制订医学科研规划时，突出重点、体现特色非常重要，关系到医学科研工作的效果。这是因为，医学领域的内容非常广泛，要把每个方面都照顾到是不可能的，必须要有研究重点。科研工作的目的是"举一反三"，通过科研认识事物的特殊规律性这个"一"，来指导事物的普遍规律性那个"三"；科研工作的作用是"以点带面"，即通过科研工作这个"点"，来带动整个医疗这个"面"。科研工作目的的这个"一"和科研工作作用的这个"点"就是重点，就是特色。因此，制订科研规划时，没有重点和特色不行，重点和特色选不准也不行。

第二，统筹①系统的原则。医学科研规划的内容一定要统筹系统，这是制订医学科研规划的又一个原则。医院的科研工作应该注重临床研究，主要是要求对医院实用，要以临床医疗为主。因此，一个比较合格的科研规划，应该是在科研工作的同时，达到专业人才得到了培养、学科发展得到了促进、科研成果得到了转化、各种效益得到了发挥等效果。否则，所制订的医学科研规划的实施与医院的实际需要就会形成"两张皮"，就是规划得再好对医院的发展也没有意义。

系统是指在制订科研规划时，对于规划中的大目标（总体目标）和小目标（分目标），从科研启动到科研终结、从学科发展到人才培养、从成果获得到转化推广等，要有整体观念，必须有系统性。一个合格的科研规划应该做到整体内容系统连贯、有始有终、有因有果。如果制订科研规划没有整体性、不系统，就有可能出现"虎头蛇尾""有此无彼"、环节不连贯、发展不平衡，甚至实施不下去等弊端。

第三，定高起点的原则。医学科研规划是医院科技发展的战略目标，关系着医院现代化建设的水平。因此，医学科研规划起点的高低对医院以后的发展影响很大。起点高，医学科技水平的提高就快，医院的发展幅度也就大。

第四，适用可行的原则。医院的科研工作是以临床工作为目的，是为临床服务的。因此，医院的医学科研工作有两重性：①科研成果大都来源于临床工作；②科研成果最终还是要指导临床工作。这就决定了要求所制订的医学科研规划一定要适用性强、可行性高。医学科研规划的适用性和可行性，对于医院的建设发展非常重要。

2. 医院医学科研计划的内容要求与编制原则

制订的医学科研规划，是一个宏观上的科研战略目标及实施的大体框架，在落实时，还要有一个实施规划的科研计划。因此，只有医学科研规划这个战略目标不行，还必须编制医学科研计划的战术方案。医院院长对医学科研计划的管理内容也很多，主要还是对医学科研计划编制。虽然编制医学科研计划是业务部门的工作，但作为医院院长必须进行干预。

（1）医院科研计划的内容要求。科研计划是科研规划内的一个部分，是科研规划的一个反映。医学科研计划编制的内容复杂，其合理性对医学科研工作的效果影响很大。作为医院院长，对医学科研计划的编制内容要从以下两方面去把关：

---

① 统筹是指在制订科研规划时，要处理好基础研究与应用研究、近期目标与远期目标、研究内容与学科发展、研究成果与推广生产以及科研与临床、科研与教学等关系，使其相互适应、相互协调、相互促进。

第一，科研程序——齐全。科研程序是医学科研计划的"主干"，贯穿于科研工作的全过程。医学科研的程序一般分为4个阶段8个环节。

计划阶段——第一阶段：目标论证——第一个环节。计划安排——第二个环节。

实施阶段——第二阶段：设计步骤——第三个环节。组织实施——第四个环节。

总结阶段——第三阶段：总结资料——第五个环节。鉴定成果——第六个环节。

推广阶段——第四阶段：推广应用——第七个环节。申报奖励——第八个环节。

以上这4个阶段8个环节，缺了任意一个，医学科研工作都进行不下去。因此，医院院长在审查科研计划时，一定要把住这一关。

第二，资源配置——合理。科研资源是医学科研的支撑条件，存在于科研工作的各个程序中。在众多资源中，少了哪一种医学科研都进行不下去。以火车过站为例，每个车站都需要有一定的设施和操作设施的人。如果没有设施和人，要么该停不停，要么该过不过，仍然会发生火车的相撞或颠覆。

医学科研需要配置的科研资源也很多，主要有以下方面：

人和技术。人是指参与科研工作的各类人员，包括各种专业、各个行业、各个层次的人员，是科研的主导因素。技术是指进行科研的专业能力，包括基础理论水平和实际操作能力，是科研工作的必要条件。如果科研人员的专业技术水平不高，要搞好医学科研工作是不可能的。

财和物。财指科研经费，是科研工作的支撑点。物指物资，包括科研用的专业仪器设备和基本实验条件。没有科研专业仪器设备医学科研工作就无法进行，没有基本实验条件医学科研工作也就进行不下去。

时间和期限。时间指进行医学科研工作所需要的一定时间。期限指科研工作的进度计划，关系到医学科研工作的效益。科研工作的时效性，就决定了医学科研工作必须有严格的期限。没有期限医学科研工作就等于没有计划和安排，期限不合适医学科研工作的效益就发挥不好。

信息和资料。信息是科研工作的"导向"，关系到科研方向、方法和成果的价值。资料是科研工作的依据和基础，关系到科研成果。如果医学科研工作没有获得资料就等于没有进行科研，就没有成果。如果资料不全或有偏差，医学科研成果就不会好，医学科研工作也就失去了价值。

医院院长在审查医学科研计划时，必须对医学科研资源有明确的认识。一是医学科研资源的项目要计划齐，少了哪项科研都要受到影响；二是各种资源的配置比例一定要合适，就是一个时间期限的安排，也必须有科学依据，不能凭空想象。

（2）医院科研计划的编制原则。科研计划是为实现科研规划而编制的实施方案，期限较短，目标和实施手段都比较明确。计划的编制是否合理，直接影响到科研规划的落实。因此，在编制科研规划时必须有一定的原则。

医院院长在对医学科研计划进行编制时，应该遵循以下原则：

第一，目标的正确性原则。科研目标①是通过科研所期望达到的目的（结果）。目标不正确，方向就要发生错误，就达不到所期望的结果。因此，在编制医学科研计划时，首先要做到科研目标的正确性。一般说来，医学科研计划的目标是医学科研规划总体战略目标的具体化。只要医学科研规划的战略目标正确，医学科研计划的目标一般就不会发生太大的偏差。但有一点要说明的是，医院的工作主要是医疗工作，医学科研的目标应该以解决临床上的问题为出发点。

医学科研计划目标的正确性有两个含义：①所编制的计划目标可以实现；②所编制的计划目标符合医院的需要。

第二，任务的科学性原则。科研任务的计划对于实施科研工作很重要，任务计划不好，对科研工作的影响很大。因此，在编制医学科研计划时，对于任务的计划编制一定要有科学性。编制医学科研计划时，计划任务的科学性有以下含义：

医教研结构合理。随着医学模式的转化和社会观念的更新，现代医院的任务有五个：医疗、教学、科研、预防、保健。医学科研的任务有四个：医疗、教学、预防、保健。其中，最主要还是我们经常所说的医疗和教学两种。因此，在计划中对于医疗和教学这两种任务的比例要安排合适。

人、财、物配置得当。科研计划任务中，必然要涉及人、财、物等科研资源的配置。但在计划配置时，必须与医院现有的实力相平衡。既要计划争取上级对科研的资源支持，又要计划尽力去创造条件完成任务。

时限性安排合适。时间是科研计划编制的一个重要内容，时间的安排不合适，对于科研工作的影响极大。时间安排合适有三个含义：①总时间的长短要合理，期限不能太长，也不宜太短；②各个阶段的时间安排比例要合适，依据各段的任务量及难易程度来分配时间；③科研的时机要计划好，因为有些任务只能在特定的某一时间内进行。

第三，技术的先进性原则。科研技术的水平决定科研工作的质量。技术水平高则科研

---

① 目标是指根据组织的使命而提出的组织在一定时期内所要达到的预期成果。目标，有目的、对象之意，是指期望达到的愿望，代表着方向。

质量高，技术水平低则科研质量低。因此，医学科研技术水平仍然是医学科研计划中的一个重要内容。

技术水平的先进性包括三方面：①科研计划要求达到目标的技术水平要先进；②进行科研的人员专业技术水平要先进；③支撑科研的设备要先进。科研要求达到的技术水平是目标，是先进性前提；科研人员的专业技术水平是关键，是先进性的决定因素；而科研设备的先进水平是基础，是先进性的支撑条件。在医学科研计划中，三者少了哪一个也不能构成医学科研的先进性。

第四，实现的可能性原则。科研计划实现的可能性至关重要，如果所编制的科研计划实现不了，那么，所编制的科研计划就是不成功的。关于医学科研计划实现的可能性，要从两方面去理解：能不能实现①与能不能按期实现②。

3. 医院医学科研课题的计划管理

科研课题是科研工作最基本的研究单元，是相对独立和单一的，其研究目的主要是为了解决专业学科上或研究阶段中的某一问题。若干个科研课题就组成了科研项目，科研项目是科研工作中多学科的综合研究单元，其目的是解决有共同目标、相互关联的系列课题。

科研课题研究是科研工作的基础，课题的研究质量决定成果质量；科研课题管理是科研计划管理的具体体现，课题管理的效果关系着科研计划的落实效果。因此，医院院长对科研工作的管理，说到底还是对科研课题和项目的计划管理。本书所说的对科研课题的计划管理实际上包括对科研项目的计划管理，只不过科研项目计划管理是在科研课题计划管理基础上的高一层次管理。

（1）科研课题计划管理的类型。依据范围和内容，科研课题的计划管理可以分为科研课题学术技术管理和科研课题组织计划管理两种类型。科研课题学术技术管理是针对科研工作人员，而科研课题组织计划管理是针对科研管理人员。因此，医院院长对科研课题的管理重点是要放在科研课题的组织计划管理上。

第一，科研课题学术技术管理。科研课题学术技术管理是科研工作人员根据课题研究思路，提出课题研究的条件，如对科研资源的调配和时间进度的分配，是站在课题的纯技术角度提出的需求，偏重科研课题研究内部的相互关系。

科研课题学术技术管理的内容主要是技术上的，比较具体。从科研工作的技术角度，

---

① 能不能实现是指所编制的医学科研计划就是在没有时间限制的情况下能不能实现。

② 能不能按期实现，是指所编制的科研计划在预计的时间内能不能实现。

对课题目标、资源分配、时间要求、进度安排，到实验设计、组织实施、汇报期限、资料整理、论文撰写、归档保存等，都有具体的计划安排。

科研课题学术技术管理的内容，必须经过科研课题组织计划管理才能生效实施。

第二，科研课题组织计划管理。科研课题组织计划管理是科研管理人员应用科研管理学理论，依据社会需要及科研政策，对科研课题学术技术管理内容进行合理化、合法化的认定过程，是站在课题的管理角度，偏重科研课题与外部的联系和关系协调。

从组织预测、开题审批、确立方案、配给资源、监督实施，到组织保证、进度检查、阶段评价、成果鉴定、推广报奖、专利申请、审定保管等，都要进行组织和监督。

由此可见，科研课题组织计划管理的作用是极其重要的。任何一项科研课题的实施，都要经过科研课题组织计划管理。如果没有科研课题组织计划管理，医学科研课题是实现不了的。

（2）重点科研课题的计划管理。对重点科研课题必须进行重点管理，这既是重点科研课题的需要，也是科研管理人员的职责。

第一，重点科研课题的条件。重点科研课题就是指急需的课题或重要的课题。因此，重点科研课题必须具备下列两个条件之一：

急需解决。急需解决是指国家急需解决的科学技术问题。这些问题虽然并不一定难，但却非常急。

意义重大。意义重大是指解决对学科的发展和建设有重大的意义问题。这些问题虽然并不一定急需，但却是难点、关键。

第二，重点课题的重点管理方向。对重点科研课题的重点管理，应该从以下方面入手：

正确决策。正确决策就是指对重点课题的目标，经过深入调查、广泛咨询、认真论证后，进行严格的、严密的、慎重的决策。确定重点目标是进行重点管理的前提，如果重点目标选错了，所谓的重点管理也就完全失去了意义。

周密计划。在确立了重点目标后，对重点目标研究的实施方案就要进行周密的计划。计划的内容要全，步骤要细，要充分预计课题实施中的困难和意外情况，并有相应的应变措施。尤其在时间和进度的安排上，一定要力求科学、准确、合理。

重点保障。对于重点科研课题，就必须在科研资源上给予重点保障。对于课题需要的人、技术、经费、设备、设施、信息、时间以及其他条件和物资等，不论是在数量上还是在质量上都要优先保证。如果对重点课题不重点保证科研资源，所谓的重点保证只不过是一句空话。

监控重点。监控重点就是指科研管理人员对重点课题的重点环节，要进行重点监控。在重点课题中需要科研管理人员监控的重点环节主要有两个：①开题论证时；②鉴定推广时。作为医院院长，对重点科研课题的管理，也就是要抓住这两个环节。

（3）协作科研课题的计划管理。医学科研工作是一个复杂的涉及面很广的工作，需要的技术、理论和牵涉的学科很多，在有些课题的研究中，仅凭一个单位、几个科研人员是不行的，必须采用协作的方式。不仅一般医院的科研工作需要采用协作方式，就是再大的医院也需要进行科研协作①。因此，科研协作是进行科研工作的一种常用方式。作为医院院长，在医学科研协助课题管理时，主要要明确两方面的问题：

第一，制订好科研协作的计划。与其他科研课题计划不同，协作课题需要重点抓好以下方面：

多学科论证。协作科研课题一般涉及几个学科，在课题论证时必须请多学科的专业人员参与。否则，就有可能发生一定的偏差。

多层次分解。协作科研课题，必须对课题进行层层分解，分出各个专题。再将各种专题分别落实到协作单位和个人的身上。有些大的协作课题，需要分成多个层次、多个方位。所谓多层次分解，除了科研任务的分解，还包括科研经费的分解。

明确管理办法。就是要明确协作管理的各种办法规定。主要是明确课题负责人、专题负责人、参与者及其职责，排列论文的署名位次，确定成果的归属、分享和收益分成，申报奖励的排序和奖金的分配原则等。不论是对个人还是单位，这些在科研计划（合同）中必须定清楚，否则会后患无穷。

第二，协作科研课题计划管理的原则。协作科研之所以复杂，除了课题任务的复杂性外，还涉及许多单位、许多个人之间的复杂关系。如果这些关系处理不好，对完成课题任务的影响很大。因此，作为医院院长，在科研协作课题管理中必须有一定的管理原则：

树立全局观念。科研协作课题管理要树立全局观念。

讲求科研道德。科研道德在科研协作中更为重要。不论是牵头单位（主办单位），还是哪个参与者个人，在科研课题协作中都要出于公心。牵头单位在任务分工、经费分配、成果分享、奖金待遇等方面，一定要计划得合理公平，不能有太大的偏差。

严格遵守协议。科研协作课题管理的一个重要内容就是要严格遵守科研协议（合同）

---

① 科研协作是在一定范围内组织的跨学科、跨部门的综合研究，在管理上具有一定的特殊性。

中的有关规定。在个人排名、单位排序、成果分享等方面的规定，一定要严格执行。这既是个常识问题，又是个道德问题。

四、医学科研与科技转化管理

医学科研的目标是获得医学科技成果，而获得医学科技成果（尤其是临床医学科研成果）的目的则主要是推广应用。对医学科技成果的推广应用，就是医学科技成果的转化。只有当所获得的医学科技成果得到转化以后，才会产生科研效益，否则，就不会有。因此，转化医学科技成果是现代医院院长管理科研的最后一个任务，也是一个极其重要的任务。

（一）医学科技成果管理的类型与功能

医学科技成果管理是医院院长管理医学科研的最后一步，医学科技成果的转化是医学科技成果管理的核心。

1. 医学科技成果的类型划分

医学科技成果是科技成果的一个部分，其分类方法和其他成果一样也有两种：

（1）直接分类。

第一，基础理论性成果。基础理论性成果主要指认识人的生命活动的基本规律和疾病的发生、发展、转归的一般规律以及与环境因素的关系规律，对医疗、预防的技术提出的新发现和新认识等理论依据。这种成果并不一定针对某一特定的目标。

第二，应用研究性成果。应用研究性成果主要是指为了解决医疗、预防工作中某一特定的实际问题而研究出来，具有一定学术水平和应用价值的新技术、新方法和新材料，包括新药物、新仪器等。

第三，发展研究性成果。发展研究性成果主要是指运用基础理论性成果和应用研究性成果的知识，为了推广新材料、新方法、新技术而进行的重大、实质性改造，或取得独创、特殊的新技术经验和发明。

第四，研究阶段性成果。研究阶段性成果主要是指在一些重大的科学研究项目中虽未得出最后的结论，但对于该项目的基础理论研究有较大的推动作用。此时的研究结论仍然可以作为科技成果。

（2）科技进步奖分类。

第一，新成果类。新成果类是指用于医学领域内新的医学科技成果。主要是看先进性。

第二，推广应用类。推广应用类是指对已有的医学科技成果进行推广应用取得了一定效益。主要是看效益、应用情况。

第三，采用新技术类。采用新技术类是指在大的项目中采用新技术所获得的成果。主要是看效益、技术难度、应用的作用和意义。

第四，移植开发类。移植开发类是指对引进的国外先进技术进行移植并开发所取得的成果。主要是看效益、推广程度、应用的作用和意义。

第五，基础技术类。基础技术类是指在医学基础技术方面的研究成果。主要是看先进性。

第六，基础理论类。基础理论类是指在医学基础理论方面的研究成果。主要是看先进性。

第七，软科学类。软科学类是指管理科学领域里的研究成果。主要是看推广程度、实用性、应用的作用和意义。

2. 医学科技成果管理的功能

医学科技成果管理是医学科研管理的最后一个步骤，也是很重要的一个步骤。之所以说成果管理非常重要，主要是由其功能所决定的。依据管理的次序，医学科技成果管理的功能主要有以下内容：

（1）整理—鉴定—评价功能。医学科技成果在被公认、授奖和推广前，首先要对其进行整理、鉴定和评价。

第一，整理。对医学科研课题研究的成果资料进行收集整理，生成一个系统、全面、简明的鉴定或评审材料。对于新产品也要进行整理。

第二，鉴定。将整理好的成果材料或产品通过专家评审和鉴定，可以送（寄）出请专家函审，也可以现场会的形式请专家前来鉴定。

第三，评价。不论是通过专家函审，还是通过现场会鉴定，对其成果均要做出评价，以作为评奖、推广的依据。

（2）评奖—奖励功能。医学科技成果经过专家的评价后，对于赞同意见比较集中的项目即可进行上报评奖。奖励由卫生行政部门组织并由相应的机构审批，奖励的等级不同而受理部门的级别亦不同。国家级科技进步奖分为一等奖、二等奖、三等奖共三个级别，医药卫生类由国家卫生部审批。军队科技进步奖分为一等奖、二等奖、三等奖、四奖等共四个级别，其中一等奖和二等奖由总部科技进步奖评审委员会审批，三等、四等由大军区、

军兵种以及总部业务部门审批。

（3）成果物化功能。医学科技成果管理的最终目的是使成果物化为生产力，而医学科技成果只有物化为生产力，才能更好地发挥作用，造福人类的健康事业。这就要靠通过对成果进行多形式、多渠道、多方位的交流、推广和应用，使其物化为生产力。

（4）信息反馈功能。医学科技成果在推广应用的过程中，对于成果的使用情况能产生新的信息，这种信息不论是正面的还是反面的，都能反馈到科研管理部门，为科研工作的调整、深化提供依据，以促进科研技术人员对课题的进一步深入研究，有利于再产出新的医学科技成果。

（二）医学科技成果转化的基础方式与条件

医学科技成果转化是医学科技成果管理内容的一个部分，而且是一个重要的部分。从医学科研的目的上来说，就是为了获得相应的科研效益。而科研效益的获得，又必须靠医学科技成果的转化。

医学科技成果转化是医学科技成果的推广和应用，是指为了实现医学科技成果的价值而采用一定的方法和措施使其普及、实用和商品化。转化的过程就是变无偿为有偿、变行政干预为商品关系。转化的目的是使医学科技成果尽快地进入生产领域而变成产品。

1. 医学科技成果转化的基础方式

医学科技成果转化的方式很多，可依据不同的内容而转化成不同的方式。归纳起来主要有以下类型：

（1）学术交流。对于基础理论性的成果或研究阶段性成果的转化，多采取通过学术会议报告、在专业期刊上发表、出版技术专著等方式进行推广。

（2）办班培训。对于新技术、新方法、新材料等应用研究性成果或发展研究性成果的转化，多采取办学习班培训的方式进行推广应用。

（3）扩大试用。对于实物性成果或新技术、新方法、新材料等成果的转化，在鉴定通过后，可以由自己自行组织或报请上级业务部门组织扩大试用。

（4）有偿转让。对于实物性成果的转让，多采取有偿转让的方式。有偿转让的方式有多种，一般采用专利的形式。专利管理可参照相关规定执行。

（5）技术投资。就像股份制的道理一样，把医学科技成果作为投资与有关企业形成联合体进行合作，共同进行技术开发。

（6）市场交易。组织有关医学科技成果进入科技成果展览会、交易会、展销会等来宣传成果，以扩大影响和提高知名度的形式来进行推广。对于有条件的单位，可将成果自己生产成产品，以商品的形式进入市场交易。

2. 医学科技成果转化的基本条件

医学科技成果最终要用于人体，关系到人的生死存亡。因此，医学科技成果的转化，必须有严格的条件。在转化时主要应该具备以下条件：

（1）有实验研究和试制试用的可靠数据，技术资料齐全。包括实验报告、药检报告、临床验证报告、鉴定书等。

（2）有一定的先进性、实用性和绝对的安全性，有较高的推广应用价值。

（3）有试生产的条件，如技术、人才、资金、设备、设施等。

（4）有相应的管理机构审批。

五、医院科研档案管理的创新实践

"医院科研档案是科研管理的重要组成部分和科研活动的重要环节。"[1] 随着科学技术的高速发展，人们对信息化技术应用越来越重视，尤其是在医院科研档案管理创新中，更是对档案管理提出了新的要求，通过科研档案管理技术应用转变，能够为医院的管理工作落实提供帮助。但是由于在其管理中还存有一定的偏差，因而需要对科研档案管理创新工作做出科学的改进。明确科研档案管理中存在的问题，然后制定完善的档案管理策略，以此为医院科研档案管理工作落实提供帮助，提高档案创新管理能力。

（一）医院科研档案管理创新的必要性

对于医院现有管理工作的开展，档案创新管理是非常关键的。医院自身管理的性质比较特殊，而科研档案管理作为医院发展过程中比较重要的资源，代表的是医院的医疗水平。因而在科研档案管理过程中，需要就档案管理做出科学的分析，只有提高科研档案管理水平，才能为医院自身发展提供帮助。

第一，通过医院科研档案创新管理工作研究，能够转变医院档案管理形式，可以为医院档案管理规划提供帮助。

第二，创新是医院发展的灵魂，要想提高发展能力，就需要对其创新管理工作做出评估。通过科研档案管理创新，能够提高医院管理质量，对医院管理工作处置和优化具有重

---

① 伍娟. 医院科研档案管理工作中存在的问题及对策分析［J］. 办公室业务，2021（17）：124-125.

要的实践意义，因而需要在医院日常管理工作中，将科研档案管理创新工作重视起来，以此满足医院自身管理发展需求。

（二）医院科研档案管理的创新策略

1. 构建科研档案管理的创新机制

为了提高医院科研档案管理质量，需要调整档案管理创新建设工作。在科学技术的高速发展中，信息化档案管理工作不到位对医院发展造成了一定的束缚，医院需要满足档案管理工作开展需求，将档案管理工作开展中的创新机制建设做好转变，这样才能为医院管理提供助力。众所周知，由于医院自身管理工作开展方式发生了改变，所以影响了医院自身管理效果。因而医院管理工作需要就档案管理机制创新做出评估，这样才能确保为医院管理质量优化提供帮助。所以医院方面需要迎合现有管理工作开展需求，建立档案创新管理机制，转变医院传统管理思维，规范科研档案管理形式，以此为医院管理工作开展提供依据。

2. 注重科研人员的素质提升

档案管理部门是负责档案工作的主要角色，因此首先需要强化工作人员的个人素质，促进档案管理工作的规范化。作为医院科研档案管理人员，也需要具备现代医院管理工作要求，将科研档案管理人员的素质提升起来。通过培训或者演讲活动等途径强化工作人员的档案管理意识，端正档案管理人员的工作态度，提升自身的工作水平，达到对档案管理工作进行规范的目的。

3. 创新科研档案管理的实施技术

对于医院科研档案管理工作开展而言，技术创新是非常关键的。所以在医院工作开展中，需要在技术创新管理上做出科学的评估。医院科研档案管理工作中，由于档案管理思维发生了改变，所以需要对医院管理工作开展的技术应用创新做出调整。通过技术创新引入，能够帮助医院调整工作管理方式，对提升医院自身管理能力具有重要指导意义，因而作为医院管理人员需要迎合现有管理工作开展需求，及时就档案管理的技术创新做出分析。

4. 加大科研档案管理的开发力度

科研档案在医院日常管理工作开展中具有重要地位，因而为了能够更为有效地展示出医院科研档案管理水平，需要在档案管理工作中，将档案管理开发力度提升，相关人员需要就科研档案应用的价值分析，然后提高科研档案应用能力。通过提升科研档案管理开发力度，能够让人们重视起科研档案地位，对档案的应用具有重要保障作用。

总之，为了提高医院管理水平，需要在科研档案管理创新中，明确以下策略，即建立档案管理创新机制、重视工作人员素质提升、档案管理实施技术创新和加强档案管理开发力度等，只有完善了以上四点创新实践对策，才能为医院科研档案管理提供依据。

六、医院文书档案管理的创新途径

医院文书档案在医院的发展建设过程当中形成。医院在开展各项管理及各种临床研讨会的过程中，都需要通过文字方式记录一系列内容，这些临床研究记录、科研实践、重要文件等内容共同组成了医院文书档案。医院文书档案管理对于医院内部顺利运行存在着直接关系，甚至对于整个医院的安全性产生一定程度的影响。因此，医院一定要高度重视文书档案管理工作，还要做到在现代化背景下积极创新医院文书档案管理工作，保证医院文书档案管理效果。

（一）医院文书档案管理的意识创新

为了能够真正做到创新医院文书档案管理工作，先要做到从理念着手。在此基础上，医院需要对各部门工作人员加强医院文书档案管理创新意识，特别是针对医院文书档案管理工作人员，使医院所有工作人员都能够充分重视其管理工作，都能够积极配合开展医院文书档案管理工作。在此过程中还应充分重视加强医院文书档案管理人员的思想教育，使其工作理念得以创新，进而确保各种创新管理工作手段以及工作形式等得以有效落实，使医院文书档案管理水平获得有效提升。

为了能够达到以上目的，医院可以充分借鉴先进医院的文书档案管理经验，促使医院文书档案管理人员的管理意识得以创新，并且还要注重在此过程中融入第三方审核方式，以此保证医院文书档案管理工作获得全面的监督管理。在实际工作开展中还需要严格落实奖惩制度，在提升医院文书档案管理人员工作积极主动性的同时，避免出现徇私枉法行为，确保医院文书档案管理工作得以优化。

（二）医院文书档案管理的机制创新

落实管理机制是保证医院文书档案管理工作顺利开展的基础条件。为了能够确保医院文书档案管理机制得以创新，医院一定要充分重视积极汲取各地区、各国家在医院文书档案管理工作方面所取得的先进经验、管理技术及管理方法等，在此基础上根据医院文书档案管理工作的实际情况以及需求，充分有效利用其先进的丰富管理经验，一定要充分重视制定出符合医院自身的文书档案管理机制的规章制度，保证医院文书档案管理工作有章可循，更加明确工作方向。

此外，需要积极引入先进的医院文书档案管理技术及管理理念等，构建更加完善、科学、合理的医院文书档案管理信息系统，保证医院文书档案管理工作更加符合当今社会对档案管理工作所提出的要求。不仅如此，还要充分重视医院文书档案管理工作的权责制度，将权责落实在具体的工作人员身上，保证在开展医院文书档案管理工作过程中，如果出现问题能够做到有人承担责任，这也是开展医院文书档案管理工作最为基本的管理需求。

（三）医院文书档案管理的制度创新

第一，医院要做好文书档案立卷制度的创新，要求档案管理人员严格按照年限对医院文书进行归档，并与实际的档案管理情况进行有机结合，从而完成好文书档案的分类管理，为文书档案使用者查阅并使用档案资源提供了更加便利的条件。

第二，对于医院里已经没有保存价值的文书档案，工作人员要积极创新档案销毁制度，在销毁制度的指导下进行销毁，保证对医院文书档案的管理工作具备科学性与全面性。

第三，医院还要加强对文书档案借阅制度的创新，重新明确进行文书档案借阅的具体操作流程，同时在制度中还要进一步规定违反借阅条款后相应的处罚措施，从而提升医院文书档案的安全性与完整性，进而增强文书档案管理工作的实效性。

（四）医院文书档案管理的模式创新

医院文书档案管理创新是现今医院文书档案管理工作开展的重点，特别是随着网络技术、信息技术等各种先进技术的发展，各种先进的技术形式已经逐渐深入医院文书档案管理工作中，对医院文书档案管理工作的开展存在着至关重要的现实意义，同时更是保证医院文书档案管理安全性的关键所在。因此，在实际开展医院文书档案管理工作的过程中，医院需要对管理平台加以不断更新，如果当前的管理平台不能够满足医院对于档案管理工作的实际需求，那么需要积极引进先进的技术形式。医院应当重视引入自主规划模块，以此构建分支管理平台，确保不同类型的医院文书档案能够实现更加具有针对性的管理工作。

医院文书档案具有不同的重要性，应当将其划分在不同等级当中，并设置不同的权限等级，保证为后期进行医院文书档案的查找、调用工作奠定良好基础。对于最为重要的医院文书档案，只有医院内部的最高级别部门能够使用，以此类推，在开展医院文书档案管理工作过程中分级越是明确，那么其管理工作就越是具有针对性。

此外，在针对积极运用信息技术加强医院文书档案管理模式的创新过程中，一定要充分重视安全技术的运用。信息技术存在非常强的开放性，只有建立在安全技术的支持之下，才能够保证医院文书档案的安全。因此，先进安全技术的运用对于医院文书档案管理工作来说十分重要。

（五）医院文书档案管理的队伍创新

医院文书档案管理人员是开展医院文书档案管理工作的基础，是主体，对于医院文书档案管理工作质量以及工作效率存在着直接影响。因此，想要真正实现医院文书档案管理的创新，需要从医院文书档案管理队伍着手，真正达到创新目标，使档案管理创新充分发挥作用。与此同时，还能够使医院文书档案管理工作的整体安全性得以充分保障。在此基础上，医院需要构建具体、高效的激励措施以及培训教育体系。

第一，要开展思想政治教育，保证医院文书档案管理人员具备更加科学严谨的工作态度，树立良好的工作意识，促使医院文书档案管理人员充分重视档案管理工作。

第二，应加强培养医院文书档案管理人员的信息技术能力，保证其能够科学、合理、有效地运用信息技术来开展医院文书档案管理工作。

第三，医院需要积极组织工作人员开展沟通交流，分享工作成果和经验，共同探讨在实际管理工作过程中出现的问题，积极探索科学、合理的有效解决措施，促使医院文书档案管理工作效率有效提升。

第二节 现代医院诊疗管理

一、现代医院的门诊管理

门诊管理就是对门诊工作的全过程、门诊工作的诸要素以及参与门诊工作的各个部门进行计划、组织、协调、控制和评价。

与住院服务相比，门诊服务的基本特征包括：①地域性；②前沿性；③患者集中并且流量大；④不确定性；⑤限制医疗能力；⑥资源消耗少；⑦流程管理压力大。

（一）作业流程管理

作业流程是指为最终满足顾客的需要而设计和实施的一组通过信息、人员和/或物质相联系的业务活动。这组业务活动以一种或多种输入为基础，经过一系列步骤，到创造出顾客愿意购买的产出（产品、服务）为终点。

流程管理主要有两个切入点：①在承认现有作业流程的基础上，考察服务是否沿流程模式单向、顺畅地流动，目的是消除各种重复和停顿；②对比价值链和作业流程，考察服务流程与价值链是否一致，进行流程的调整与重组，尽量减少不产生价值的环节，提高服务的效率和价值，以实现服务效益的最大化。完善的医疗服务流程管理要求患者在就诊过程中沿价值链顺畅地单向移动，缩短各种停顿和重复，尽可能地避免无效甚至损害系统价值的环节及现象，实现价值在价值链上的单向流动，取得成本和时间上的优势。

（二）门诊流程分析

第一，门诊等待环节分析：各种各样的等待使患者占用医院的时间和设施，缺少直接的效益，还会有副作用。例如，在候诊环节，大量患者长时间集中在候诊室中，由于等待时间长、空气不新鲜等因素容易使患者产生烦躁情绪，甚至交叉感染。患者之间交流的信息除了疾病信息以外，更容易交流彼此的不满意和对医院的厌烦情绪。因此，虽然候诊环节是患者进入诊室之前必不可少的，但是等候环节给患者造成的心理压力很大，对医院的负面作用大于积极作用。

第二，门诊流程的逆流分析：一些患者在门诊服务过程中，会遇到一些重复某个环节的情况，即门诊环节存在逆流。因药物处方问题造成的逆流是医院中最常见的不合理的逆流现象。

第三，门诊再次就诊环节分析，造成再次就诊的情况有：①预约二次就诊；②预约实验室检查；③取实验室检查结果；④其他一些原因造成的二次就诊情况。再次就诊有些是合理的，有些是不尽合理的。

二、现代医院的住院诊疗管理

第一，住院服务的特点。与门诊服务相比较，住院服务的特点有：①病情的复杂性；②诊疗的系统性；③工作的协同性；④服务的综合性；⑤心态的多样性；⑥医院要提供必要的诊疗条件和环境。

第二，住院诊疗管理的任务。住院诊疗管理的任务包括：①为住院患者提供优质的诊疗服务；②为住院患者提供良好的诊疗条件和环境；③为医务人员和医学生提供临床实践的场所；④为开展临床科研提供重要基地。

第三，医疗业务管理制度。医疗业务管理制度包括：①检诊制度；②查房制度；③会诊制度；④病例讨论制度。

第四，医疗组织管理制度。医疗组织管理制度包括：①交接班制度；②转诊制度；③总住院医师制度；④医院总值班制度。

第五，病房管理制度。病房管理制度包括：①探视制度；②陪护制度；③手术、重大检查知情同意制度，保证患者的知情权和选择权；④住院费用管理制度；⑤住院时间管理制度。

第六，病房管理的管理角色。病房管理的管理角色包括科主任、住院总医师、护士长、医务处、住院部。

第七，住院患者评价指标。住院患者评价指标包括：①服务规模指标；②服务数量指标；③服务效率指标；④服务质量指标；⑤服务效益指标。

三、现代医院的急救医疗管理

急救医疗服务体系包括院前急救、医院急诊室急救和重症监护三个彼此独立又相互联系的部分。

第一，急救医疗服务特点。内容包括：①使患者获得最大的健康效益；②有效利用医疗服务资源；③需要有严密的组织；④急救医疗服务时间性强；⑤急救医疗服务的社会化；⑥医疗手段有限。

第二，急救服务流程。对危重患者的医疗紧急救援工作一般分为三个阶段：①首援服务，主要由社区志愿者进行，也包括急救通信中心利用电话对患者及其家属进行指导下完成的现场救护；②由专业急救医师进行现场的院前急救和安全转运，主要是维持伤病员的生命和初步急救、心肺复苏、止血、骨折固定等；③由急诊专科医师进行的院内急救。

第三，急救医疗服务系统的组成。我国的急救医疗服务体系融院前急救、急症科、重症加强护理病房、生命绿色通道为一体。

第四，急救医疗服务管理原则。内容包括：①分级设置与管理原则；②区域设置与管理原则；③资源共享和统一指挥原则；④急救车服务系统独立设置原则；⑤追求人群的最大健康效益原则。很多国家不论是在灾害事故大批伤病员的救护中，还是在医院急诊科患者的救治中，普遍实行检伤分类制度，遵循最大限度地挽救生命和最大限度地减少死亡的原则，追求人群的最大健康效益。检伤分类就是根据伤情对患者进行分类，国际通行的是采用将患者分为四类，然后分类安置、分类治疗、分类转送。

实行检伤分类制度，应该首先明确设立急救中心（站）或医院急诊室的目的是在医疗资源有限的情况下，保证人群的最大健康效益，因此，通过制度安排使个人健康效益服从于人群的健康效益。在医院急诊科实行检伤分类制度，目的是将患者按病情轻重分类，根据患者病情的危重程度安排医疗工作和医务人员，特别是根据病情轻重而不是到达的时间先后安排患者接受诊治的先后顺序。危重患者优先且立即治疗，轻症患者或者没有生命威胁的患者则必须等待，否则急诊室在有限的工作条件下无法保证对急危重症患者的抢救。

第五，急救医疗服务中的相关问题。

质量评价。反应时间是评价医疗急救系统服务能力的重要指标。反应时间是指从患者急救呼叫到救护车到达现场的时间间隔。影响反应时间的因素有通信的灵敏程度、救护车辆的性能、城市交通状况等，最基本的因素是急救服务半径。急救服务半径是指一个急救中心（站）的救护车行程覆盖范围。

急救医疗知识的社会化教育与培训。急救医疗知识的社会化教育与培训的对象包括行业性的，如司机、警察、消防队员、铁路部门的乘务员、饭店餐馆的服务员、民航乘务人员，以及普通的社区公众。社会化培训只是传授诸如保持身体平衡、患者的搬运移动、呼叫等基本知识，避免患者在创伤发生后医疗措施实施之前加重损伤或者发生二次损伤。社区的宣传还包括提高"120"专线电话的知情率，提高人们拨打专线急救电话的意识，提高群众的自救互救能力。

四、现代医院的药事管理

医院药事管理是指医院内以临床药学为指导，促进临床合理用药的药学技术服务和相关的药品管理工作。

（一）医院药事管理的任务

医院药事管理的任务包括：①临床药品供应的管理；②临床药品应用的管理；③临床药品调剂管理；④临床制剂管理；⑤药品质量监控管理；⑥药品不良反应监测；⑦药学保健；⑧药学研究；⑨医院药品服务相关信息的收集、整理、分析；⑩药品管理法律、法规的执行、监督。

（二）医院的合理用药

合理用药①要求患者接受的药物适合他们的临床需要，药物的剂量符合他们的个体需要，疗程足够，药价对患者及其社区最为低廉。

第一，合理用药的生物学标准包括：①药物正确无误；②用药指征适宜；③疗效、安全性、使用、价格对患者适宜；④剂量、用法、疗程妥当；⑤用药对象适宜，无禁忌证，不良反应小；⑥调配无误（包括信息提供）；⑦患者顺应性良好。

第二，合理用药的判断依据：①药品说明书；②药物治疗指南、临床路径；③公认的参考书、数据库或研究文献；④专家委员会讨论。

第三，合理处方的标准：①适当的适应证；②适当的药物；③适当的患者；④适当的信息；⑤适当的观察。

（三）医院的改善用药

第一，改善用药合理性的制约因素包括：①患者缺乏正确的信息引导，对用药提出不适当的要求；②医生的自我保护意识增强，导致使用过度的保护性医疗措施；③尚缺乏药品合理使用的强制性规范；④医院的创收动机给医生的驱动力量；⑤药品供应系统的经济驱动力量；⑥政府药品定价机制的不合理经济导向；⑦相关政府管理制度尚未落实。

第二，改善用药的实践包括：①改变药品使用问题的过程包括检查、诊断、治疗、随访；②干预措施主要分为教育方法、管理方法、规章制度三类。

第三节　现代医院病历档案管理

一、医院病历档案的书写

（一）门（急）诊病历的书写内容

门诊病历本是目前各医院门诊应用的由患者保管的门诊简要病历。

1. 门诊病历的书写

门诊病历要认真填写患者姓名、性别、年龄、职业、住址、邮政编码等。

---

① 合理用药的含义：安全、有效、经济地使用药物。

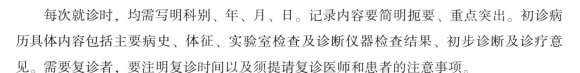

每次就诊时，均需写明科别、年、月、日。记录内容要简明扼要、重点突出。初诊病历具体内容包括主要病史、体征、实验室检查及诊断仪器检查结果、初步诊断及诊疗意见。需要复诊者，要注明复诊时间以及须提请复诊医师和患者的注意事项。

复诊病历可重点记录病情、体征变化及治疗效果，实验室及诊断仪器检查的结果初步诊断及继续诊疗意见。对一时难以确诊的患者，可写某症待诊，如"发热待诊""腹痛待查"等。

接诊医师应签全名。

2. 急诊病历的书写

一般急诊患者用门诊病历本书写，急诊抢救及住观察室的患者写急诊病历，统一编号入档，保存期30年。

急诊病历的书写要求如下：

（1）认真填写姓名、性别、年龄、职业、工作单位或住址。

（2）就诊时间：年、月、日、时、分。意识障碍患者要注明病情叙述者与患者的关系。

（3）主要病史：主诉、现病史、既往史、个人史、婚姻史、月经及生育史、家族史。

（4）体格检查：体温、脉搏、呼吸、血压、意识状态及瞳孔大小、形态及对光反应等，主要阳性体征及有鉴别意义的阴性体征。

（5）诊疗意见：①抢救措施，要注明采取具体措施及时间；②必要时应向家属说明病情及预后的病危通知；③必要的其他检查及结果（如心电图）；④抢救过程中病情变化及有关会诊情况；⑤最后处理，住院、转科；⑥若经抢救无效患者死亡，应写明抢救经过、死亡时间及死亡原因、死亡诊断。

（6）医师签名。

（二）完整住院病历的书写

1. 完整住院病历的一般项目

科别、病房、床号、门诊号、住院号、医疗保险号、×科第×次入院记录、过敏史、姓名、性别、年龄、籍贯、职业、婚配、民族、入院日期、现在住址、邮编、病史采集日期、联系人姓名、与患者的关系、病史叙述者、联系人住址、电话、可靠程度。

2. 完整住院病历的问诊

（1）主诉。主诉是促使患者就诊的主要症状及持续时间。要求重点突出，要有高度概括性，文字要简明扼要，一般不超过 20 个字，不能用诊断或检查结果来代替主诉。起病短者，应以小时记述；主诉多于一项者，应按发生的先后次序分别列出，如上腹痛 10 年，便血 1 年，呕吐 4 小时。

（2）现病史。现病史是从发病到就诊前的详细过程，应和主诉结合在一起，共同反映疾病的发生、发展、变化的详细情况，其内容应根据对主诉的初步分析、推理，沿着不同的线索进行询问，要求内容具体、精确，对具有鉴别诊断意义的阴性症状亦应列入。症状出现的时间，如系急性病，常以住院日期前推算，如住院前第×日（或×小时）。如症状已若干年月，记述应从发病时开始，对其发生发展的过程要按时间先后顺序，由远及近，一直叙述到就诊前。

（3）既往史。既往史是系统回顾，这一点对初做临床的医生很有必要，应自幼年详细询问，为了防止遗漏，要引导患者进行回忆，内容应包括下列各项：

第一，既往健康状况：健康还是虚弱？患过哪些主要疾病？

第二，急性传染病、地方病、职业病史：按年代顺序记述当时的主要症状、可能的诊断、持续的时间、治疗情况、有无并发病或后遗症；接受过何种预防注射、接种次数、接种日期及最后一次接种的时间。

第三，手术、外伤、中毒及输血史等：对做过手术者应写明术后的病名，手术名称、日期及愈后情况。

第四，过敏史：有过敏史者应写明致敏原（含药物）、发生时间、反应类型及程度。

（4）个人史。个人史应包括下列各项内容：

第一，出生地及经历地区（特别应注意自然疫源地及地方病流行区，说明迁徙年月）。

第二，生活及饮食习惯，烟酒嗜好程度、具体用量等。

第三，过去及目前职业及其工作情况（包括入伍或参加工作时间，兵种、工种或职务，有无与粉尘、毒物、放射性物质、传染性患者接触史等）。

第四，婚姻史。结婚年月（或年龄）、配偶健康情况、夫妻感情，如已离婚或丧偶，说明原因及时间。

第五，家族史。父母、兄弟姐妹及子女的健康情况，病故者应说明年龄及其原因。如家族中有肿瘤、高血压、糖尿病、精神障碍及抽搐发作等病，也应进行详细询问。

二、医院处方档案管理

（一）医院处方的书写重要性

处方是医疗和药剂制备上的一项重要书面文件，是医师为患者治疗的文字凭据，也是药师调配发药的依据。医师在明确诊断或初步诊断后书写处方。书写处方时应思想集中、态度严谨，依据病情审慎地筛选药物，决定剂量和用法。

处方正确与否直接关系到患者的治疗效果和生命安危，它具有法律上、技术上和经济上的意义。书写处方或调配处方中发生差错或造成医疗事故，医师或药剂人员负有法律上的责任。医师除掌握丰富的临床知识外，还必须掌握药物的药理作用、适应证、毒副作用、剂量、用法及有关药物动力学、药效学数据及药物相互作用等，以确保用药的安全有效。尤其是麻醉药品、医用毒性药品及贵重药品，是报销及预算采购的依据。

（二）医院处方的类型划分

第一，制剂处方。制剂处方主要指药典、部颁标准及地方标准收载的法定制剂处方及各种地区性制剂手册中所载的处方。前者具有法定性质，在书写或配制处方时均须照此规定。制剂处方都应根据医疗需要并通过实践总结提高，经当地卫生行政部门批准注册。

此外尚有单方、验方和秘方。单方一般指比较简单的验方；验方是民间经验处方，简单有效；秘方一般指过去秘而不传的验方或单方。这些单方、验方和秘方中有不少是人们在长期与疾病斗争中所积累的经验，具有特殊疗效，应注意发掘、验证、整理与提高。

第二，协定处方。协定处方是医疗单位内部根据经常性医疗需要协商制定的一些处方，经药事管理委员会审查和院领导批准，并报当地卫生行政部门备案，可作为医院常规处方，以便节省调配时间，提高工作效率。

第三，医师处方。医师处方是医师为某一患者治病用药时的书面文件，其中包括麻醉药品处方、精神药物处方及一般药物处方。

三、医院护理档案管理

（一）医院护理的体温单

第一，用蓝黑签字笔填写页眉处的姓名、入院日期、科别、病室、床号、住院号、住院日期和住院天数。住院日期首页第一天及跨年度第一天须填写年、月、日，每页体温单的第一天及跨月份第一天须填写月、日，其余只填日。

用红墨签字笔填写手术（分娩）后天数，以手术（分娩）次日为手术后第一天，依次填写直至 14 天为止。第二次手术在日期栏内写Ⅱ，手术后天数填写同上。若术后日期已填好，而在 14 天内又行二次手术，则在原天数的后面加一斜线，再写上Ⅱ，二次手术的术后天数以同法表示。

术后天数：（用红墨签字笔）345/Ⅱ6/17/28/39/410/5（2）在 40～42℃ 之间的相应时间栏内，用红墨签字笔纵行填写入院或死亡时间，以及手术、分娩、转科、出院等。转科由转出科室填写，并注明转往何科。转科或搬床后，须在科别、床号等栏后面填写新的科别和床号，并加括号表示。

第二，体温、脉搏曲线图的绘制。

体温曲线的绘制：用蓝笔将所测体温绘于体温单上。口温用"·"表示，腋温用"×"表示，肛温用"○"表示，两次体温之间用蓝色直线相连。物理降温半小时后，所测的体温画在物理降温前的同一纵格内，以红"○"表示，并用红色虚线相连，下一次体温应与降温前体温相连。体温不升，低于 35℃ 者，在 35℃ 处画温度标记。测温时病人不在者，事后要补测，并画在相应时间内。

若赴外地检查数日未测者，留空格不予连线。

脉搏曲线的绘制：脉搏用红色"–"表示，两次脉搏之间用红色直线相连。如遇脉搏与体温重叠。则先画体温，再将脉搏用红圈画于其外。有脉搏短细的病人，其心率用红"○"表示，两次心率之间亦用红色直线相连，在心率与脉搏曲线之间用红色斜线填满。

第三，在 34℃ 以下栏内用红墨签字笔记录大便次数、液量、尿量、呕吐量、引流量、痰量、体重、血压、药物过敏等内容。

项目栏：若已注明计量单位名称，只须填数字，不必写明单位。

大便次数：均于下午测温时询问，故应记入当天的大便栏内。

导尿：以"C"表示。如保留导尿，则须记尿量，用分数表示，"C"做分母，尿量做分子。

血压：新入院病人的首次血压常规记录在体温单相应栏内。住院期间按医嘱每日测量 1～2 次，应及时记录。

体重：新入院、手术前及住院期间每周均须测量体重，记录于当天相应格内；危重病人或不能下地活动者，应以"平车"表示。

药物过敏栏：填写皮试阳性或过敏反应的药物名称，并于每次更换体温单时转录过来。

（二）医院护理的医嘱单

第一，医嘱按时间顺序抄写在医嘱单上，每行医嘱顶格书写，第一个字应对齐；一行未写完的内容，书写第二行时应后移一格；如第二行仍未写完，第三行应与第二行第一个字对齐。

第二，长期医嘱应抄写在长期医嘱栏内，写明日期和具体时间；停止医嘱，则在原医嘱的停止栏内写上日期和具体时间。

第三，长期备用医嘱写在长期医嘱栏内，执行前须查看上一次医嘱执行时间；每执行一次后，均应在临时医嘱栏内做记录，并注明执行时间。

第四，临时医嘱抄写在临时医嘱栏内，写上执行时间。

第五，临时备用医嘱执行后，抄在临时医嘱栏内，未用者不予抄写。

第六，药物过敏试验后，应将结果填写在临时医嘱栏内。阳性反应者应用红墨签字笔注明"＋"，以示重视，记入体温单，并在床头卡、门诊病历卡上做醒目标志。执行者在医嘱本相应栏内签名。

第七，医嘱已抄写后又作废，用蓝黑签字笔在执行时间栏内写"作废"。

第八，凡转科、手术、分娩或整理医嘱时，在最后一项医嘱的下面画一红横线，表示停止执行以上医嘱；如系重整医嘱，则在红横线下用红墨签字笔在长期医嘱栏内写上"整理医嘱"及日期。整理医嘱时，必须整理和准确抄录有效的长期医嘱，并写原开医嘱的日期和具体时间。将护理级别、饮食、病危、陪护等医嘱整理在前面，治疗医嘱按原来的日期排列顺序抄录。如有空格，用红墨签字笔从左下至右上顶格画一斜线。

第九，病人转科、出院或死亡，应在临时医嘱栏内注明转科、出院及死亡通知时间，停止有关执行单上所有医嘱。

第十，认真执行查对制度，医嘱处理完毕，须每班核对，每周总核对一次，并由核对者签名和登记。

第十一，医嘱较多，一张医嘱单不够记录时，可续一页，未用完部分仍按原格式依次抄录。

（三）医院的临床护理记录单

临床护理记录单常用于危重、抢救、大手术后，以及特殊治疗须严密观察病情、掌握全面情况和需要记录出入量的病人。

1. 临床护理记录单的记录内容及要求

根据医嘱及病情需要，一般记录体温、脉搏、呼吸、血压、症状、病情变化、出入液量、卧位、所用药物、治疗、疗效及其反应、主要抢救措施及特殊护理等。记录必须及时、准确、真实、完善。内容简明扼要，医学术语应用确切。

字迹清楚端正，不得涂改。页眉栏及页数必须填写完整。

2. 临床护理记录单的记录方法

（1）用蓝黑色签字笔填写页眉栏各项：姓名、病室、床号、诊断、住院号等。晨7时至晚6时用蓝色签字笔记录，晚6时至次晨7时用红色签字笔记录。

（2）白班于下午6时做出入液量小计（画一蓝色横线，小结日间出入量），夜班护士于晨7时总结24小时出入液量（画一红色横线，总结后，再画一红色横线），并用红墨签字笔填入体温单相应格内。

（3）每班护士应于交班前在"病情变化"栏内签名，以示负责。

（4）病人出院后应将临床护理记录单归病案内。

（5）出入液量记录：某些特殊病人须记录24小时摄入和排出液量，这对了解病情、协助诊断、决定治疗起很重要的作用。

第一，每日摄入量：包括每日饮水量、食物中的含水量，输入液量、输血量等。为准确记录口服入液量，可用量杯或已测过容量的容器。

第二，每日排出量：包括粪便量和尿量。对尿失禁的病人应设法保留尿液，以求尿量准确；自行排尿者，应记录每次尿量或将每次尿量集中在一个容器内，定时测量记录。对其他排出液，如胃肠减压抽出液、呕吐物、涌出物、穿刺液（如脑、腹腔穿刺抽出液）、引流液（如胆汁引流）等，也应作为排出量加以测量和记录。

床头应挂上记出入液量的标志，便于工作人员了解和及时记录。

第四节　现代医院人事档案管理

一、人事档案的含义与特征

（一）人事档案的含义

人事①档案是国家机构、社会组织在人事管理活动中形成的，记述和反映个人经历、德才能绩、工作表现的，以个人为单位集中保存起来以备查考的文字、表格及其他各种形

---

① 人事是指用人以治事，主要是指人的方面，以及同人有关的事的方面。

式的历史记录。

人事档案是历史地、全面地考察了解和正确选拔使用职工的重要依据，是国家档案的重要组成部分。人事档案主要来源于一定单位的人事管理活动。

人事档案就是国家在用人治事，以及处理与人有关的事情所形成的文件材料。如为了了解员工的基本情况，布置填写履历表、登记表、自传；对员工进行鉴定、考核和民主评议，形成鉴定书和考核材料；在用人过程中，形成录用、定级、调资、任免、升迁、奖惩等方面的各种文字、表格材料。

人事档案是反映个人经历、思想品德、业务实绩、个性特点、专长爱好等情况的原始记录，真实反映一个人的客观面貌。人事档案中的自传、履历表、登记表，是个人经历、思想演变、家庭与社会关系的反映；历年的鉴定，记载着个人不同时期表现和组织的评价；入党、入团、提职、晋级等材料，是个人在党和组织的教育培养下成长的佐证；政治与工作情况的考核、考察、奖惩与科研成果的登记等方面的材料，是个人政治表现、工作能力、成绩贡献、技术专长的展现。

人事档案是处理完毕的具有使用价值和保存价值的文件材料。人事管理活动中形成的文件材料，凡是决定归入人事档案的，必须是完成了审批程序、内容真实、完整齐全、手续完备、有查考价值的材料，以保持人事档案的优化状态。

人事档案是以个人姓名为特征组成的专卷或专册。它的内容和成分只能是同一个人的有关材料，才方便查找利用。假如一个人的材料被分散，就无法正确反映该人的全貌，影响对其全面评价。

（二）人事档案的特征

1. 真实性

人事档案的真实性，与一般意义上所说的档案的真实性还有一定区别。档案的真实性有两方面的含义：

（1）档案从总体上说，是由社会实践活动中形成的文件材料转化来的，是历史的沉淀物，客观地记录了以往的历史情况，无论从内容和形式都表现出原始性，是令人信服的证据。

（2）从具体的每份档案材料来说，由于人们认识水平的局限性，有一部分档案所记载的内容并不真实，但档案毕竟是历史上形成的，即使是内容不真实，但仍表达了形成者的意图，留下了当事人的行为痕迹，反映了当时的情况，仍不失其为历史记录而被保存下来。所以，档案的真实性是相对的。人事档案的真实性，有着特定的含义。从个体来说，每一份档案材料从来源、内容、形式等方面都必须完全可靠和真实。凡是来源不明、内容不实、是非不清的文件材料不能转化为人事档案，即便已经归档也要剔除。

2. 现实性

人事档案是由组织、人事、劳动部门以现职人员和离退休人员为单位建立的，由专门反映员工个人情况的文件材料所组成。它涉及的当事人，绝大多数还在不同岗位上工作、生产或学习。组织、人事、劳动部门为了考察和正确使用员工，要经常查阅人事档案，了解其经历、德才和工作业绩，以便安置在最适合的岗位上，充分发挥其聪明才智。

现实生活中，用人就要先看档案，已成为必要的工作程序。作为依据性的人事档案，有时会对一个人是否使用、如何使用起着决定性的作用。但是，人事档案是"昨天"的历史记录，而它反映的对象——人，又是每天都在发生变化，谱写自己的历史篇章。

3. 机密性

（1）人事档案在相当长的时间内是保密的，不宜对外公开。人事档案是组织上在考察和使用员工活动中形成的，记载了员工的自然情况，学习、工作、科研成就、考核与奖惩等。它既涉及有关工作的重大事项，又有职工务岗位的调度；工勤人员实行聘用合同制，根据职业工种、技能等级、实际能力等条件，竞争上岗，择优聘用。

（2）分配制度深入发展。分配制度深入发展主要有如下要点：技术作为重要的生产要素参与分配；按照岗位聘任职务发放工资；实行绩效工资制度；拉开奖金档次，奖金按系数分配，根据职工的技术职称、风险责任、完成工作的数量和质量、医德医风等因素确定系数。

（3）实施人事代理制度。人事代理制度是一种新型的人力资源管理方式，医院与人才中介机构签订人员代理协议书，将医院在职职工的人事档案全部转入人才中介机构管理，实现了医院职工从"单位人"向"社会人"的转变，为实行全员聘用合同制奠定了基础。

4. 动态性

历史在发展，社会向前进，每个员工的情况也在不断发生变化。人事档案从建立之日起就是动态的。由于人事档案涉及的当事人，每时每刻都在谱写自己的历史，各方面都在发生变化，因而决定了人事档案必须根据当事人情况的变化而不断增加新的内容，补充新材料，以适应人事管理的需要。比如，学历的变化、能力的提高、职务和职称的晋升、工作的新成就、工作岗位的变化，以及奖励、处分都应及时记载并收集有关材料归档，直至逝世。这才意味着收集补充材料工作的终止。

人事档案随着人员的流动而不断转递。人到哪里，档案就转到哪里。"档随人走"，人档统一"是管理人事档案的一条原则，也是人事档案发挥作用的必要条件之一。转递不及时，会出现"人档分家"，发生"有档无人"或"有人无档"的现象，影响单位对工作人员的了解、培养和使用。人事档案也因对象的下落不明而成为"无头档案"的死材料。

二、人力资源档案管理的功能与提升策略

"医院人力资源档案是医院在人才引进和管理的过程中形成的，是记录和反映个人经历和表现以备查考的文件资料。"①

（一）医院人力资源管理的功能

人力资源管理的功能是指它自身所具备或应该具备的作用，这种作用并不是对于其他事物而言的，而是具有一定的独立性，反映了人力资源管理自身的属性。人力资源管理的功能主要体现在以下四方面：

1. 维持功能

维持功能是指让加入的员工继续留在本组织工作。核心员工的流失不仅会造成组织增加选人、育人和用人的成本，而且会影响组织工作的连续性，对组织绩效产生严重影响，因此，留住核心员工是组织良好发展和保持竞争力的根本。

（1）待遇留人。给予员工必要的物质报酬和奖励是留住人才的基础。待遇是组织为员工工作支付的劳动代价，也是满足员工物质生活追求的基础，良好的薪酬和福利可以使员工愿意留在组织中工作。有竞争力的薪资福利体系包括高薪、员工持股、医疗保健、保险、公积金、劳动保护、带薪休假等。

（2）感情留人。优厚的待遇固然重要，但独特的组织文化和人性化的管理以及强烈的归属感也是组织留住人才的关键要素。组织要形成对员工充分尊重、信任和关怀的氛围，使其逐渐增强对组织的认同，从而使其产生强烈的归属感和与企业共同成长的期望。

（3）事业留人。事业留人就是以组织发展和满足人才不断成长和发展来稳定人才。员工的工作过程也是自我实现的过程，事业留人的关键在于创造条件使员工充分发挥才能，以组织发展来促进和实现员工的职业生涯规划，满足员工的成就感。

---

① 何娟，杨静. 医院人力资源档案管理刍议 [J]. 湖北档案，2013（02）：25-26.

2. 吸纳功能

吸纳功能主要是指吸引并让优秀的人才加入本企业，即运用科学的方法引入最适合的岗位人选，是通过对职位和人员进行测评，选拔出与组织中的职位最为匹配的任职人员的过程。

（1）选人是人力资源开发与管理的首要环节，这个环节将决定组织可以获得什么样的人力资源。更进一步地说，选人工作效果的好坏将直接影响到组织生存与发展的能力。

（2）选择合适的选人者。要为组织选拔到合适的人才，选人者首先要具备慧眼识珠的能力，要能够鉴别应聘者的真实能力，因此要选择具有较高的职业素质和专业知识的人充当选人者。

（3）选人需要遵循一定的程序。通常的招聘程序是：发布招聘广告，收集应聘资料，对应聘资料初选，约见面试，填写公司要求的履历表，参加招聘单位主持的笔试（专业知识、外语的笔试）、性格心理测试，以及技能测试，人力资源部和用人单位的面试，背景调查，录取试用。通过一定的程序，可以全面了解应聘者的实际能力，减少选人失误。

（4）能岗匹配。人力资源是具备一定能力的人，组织获取人力资源时需要付出相应的成本，组织选人是为了获得人力资本创造的组织需要的价值，因此并非越优秀就越需要，这样只会造成人力资源浪费和增加组织用人成本，只有能力与岗位需要相匹配的人才是组织真正需要的人。

3. 激励功能

激励功能是指让员工在现有的工作岗位上创造出优良的绩效。用人要用其所长，量才录用，还要知人善任，把员工放到最适合于发挥自身优势的岗位上，才能充分实现员工的价值，最终实现组织目标。

（1）知人善任。每个人都是优点与缺点并存、长处与短处并存，组织在用人时，要用其所长，避其所短，根据岗位需要与员工能力相匹配的原则进行人员分配，使其在合适的岗位上最大限度地发挥才能。

（2）充分授权。组织对员工的充分信任，是员工的最好奖赏。组织既然在用人，就要对他表示信任，不能轻易地对他产生怀疑，应通过完善的规范和制度而不是主观判断来约束员工行为，对员工报以总体信任的态度，给予员工自主工作的空间。现代组织注重对员工的柔性管理，对员工的授权也逐渐增多，因此组织在用人过程中要做到"用人不疑"，充分尊重员工，从而发挥员工的积极性和创造力。

（3）科学激励。激励就是对员工的激发和鼓励，调动员工工作的积极性。组织绩效与员工的积极性密切相关，用科学的方法激励员工，可以提高员工为组织工作的热情，从而提高工作绩效。

4. 开发功能

开发功能是指让员工保持能够满足当前及未来工作需要的技能，即通过教育、培训、训练，促进员工知识、技能及综合素质得到提高，保持其竞争力，是通过提高员工在知识、技能以及能力等各方面的素质，实现人力资本保值增值的过程。

（1）组织要有育人意识。对员工进行培养和开发的直接效果是提高了员工的个人能力，这会使一些组织忽视育人带来的组织整体绩效的提高，这种意识是不对的。通过组织培育和开发，可以使员工与组织一起成长，就算员工跳槽了，对整个社会也是有益的。树立组织的育人意识，不仅可以促进组织发展，还可以推动整个社会的进步。现在，对员工的培养和开发已逐渐被大多数公司所重视，尤其是短期培训，往往可以收到立竿见影的效果。

（2）建立有效的员工培育系统。一个有效的培育系统包括：①了解育人需求。对部门人力资源培育和开发申请（需求）进行调查，也要主动对整个组织各职能系统进行需求评估。②实施。针对组织发展和员工个人提升的需要实施员工的培育与开发。③考核。分理论知识和岗位表现两部分，考核成绩应当公布，必要时可颁发证书。④应用。根据考核成绩做出岗位资格和任职资格的确认，作为今后晋升的必备资格。

（3）组织育人要有针对性。组织的培训，一要针对人，即什么人需要培育和开发，需要提升和完善什么知识与技能，怎么对他们进行培育和开发；二要针对事，组织对员工培育的目的是要通过员工能力的提升来促进组织整体绩效的提高，因此，要与员工的实际工作联系起来，有针对性地开展育人工作。

总之，人力资源管理的功能密切联系、相辅相成、彼此配合。组织在某一方面的决策常常会影响其他方面。

（二）医院人力资源档案管理的提升策略

1. 提升人力资源档案管理意识

推动医院人力资源档案管理，首先要提升医院领导决策者的思想认识，让医院领导决策层充分认识到医院人力资源档案在医院事业发展、人力资源建设中起到的重要作用和积极意义，全面提升对医院人力资源档案管理的重视程度；其次要提升医院人力资源管理部门的档案管理意识，从人力资源档案管理的专业角度上领会和掌握人力资源档案管理的理论知识和专业技能，推进医院人力资源档案建设。

2. 健全人力资源档案管理制度

医院人力资源档案管理制度建设重点在于健全和完善具有医院人力资源管理特色的档案管理制度。

（1）健全和完善医院在招聘、配置、辞退等人力资源使用方面的档案管理制度。

（2）健全和完善医院在薪资待遇、绩效考核等人力资源激励方面的档案管理制度。

（3）健全和完善医院在教育培训、劳动关系等人力资源发展方面的档案管理制度。

（4）健全和完善医院在人力资源档案存储、转移、借调、利用等环节中的档案安全管理制度。

与此同时，应将医院事业发展规划和人力资源管理规划融入医院的人力资源档案管理工作制度中，切实保障医院人力资源档案管理制度紧扣医院事业发展的脉搏，有效推进医院整体事业发展进程。

3. 打造人力资源档案专业化管理团队

医院人力资源档案管理团队不仅要具备医院人力资源管理的专业理论知识和业务技能，还需要同时具备档案管理的理论知识和专业技能，这就需要医院人力资源管理部门强化人力资源管理和档案管理双重专业知识的学习和培训，建立岗位竞争机制，优先聘用具有人力资源管理和档案管理双重职称或执业资格的员工进入医院人力资源档案管理队伍，逐步淘汰无执业资格、专业知识和技能水平较差的员工，全力打造专业化的医院人力资源档案管理团队。

4. 推进人力资源档案信息化建设

推进医院人力资源档案管理信息化建设可从三方面入手：

（1）推进医院人力资源档案的纸质化向电子数据化转变，切实提升档案检索、查阅和开发利用的工作效率。

（2）推进医院人力资源档案管理系统软件开发和应用，将医院人力资源档案管理工作涉及的六大模块集成嵌入系统软件，引入数据汇总、筛选、分析功能，提高医院人力资源档案信息的汇总整理和分析利用效率。

（3）推进医院人力资源档案信息云平台大数据建设，实现医院人力资源档案信息在区域间、行业间甚至跨区域、跨行业的大数据资源共享，推进区域间、行业间医院人力资源流动与交流。

5. 提升档案开发利用

医院人力资源管理部门的核心工作就是为医院事业发展"选好人才、用好人才、留住人才"，同时围绕这项核心工作开展好教育培训、岗位配置、薪资设置、职称评聘、评先选优、业绩考评、信用管理、医德医风管控等辅助性工作。而做好这些工作，就须从长期的人力资源管理过程中积累的档案资料中发掘有用的信息和经验、做法，对工作档案信息进行汇总、整理、分析，提炼出推进"选人、用人、留人"的经验与教训，以便更好、更有效地开展医院人力资源管理工作；同时，通过对医院人力资源档案的再整理、再汇总、再分析，为医院人力资源管理工作规划的编制提供参考信息，最大限度地发挥医院人力资源档案的开发利用价值。

三、医院领导与人事档案管理

（一）领导的认知

1. 领导的概念理解

（1）领导顾名思义就是率领和引导，但对其具体定义众说纷纭，综观各种学说，领导即是群众利益和意志的集中体现；领导就是率领和引导群众前进；领导是建立在民主之上的权威。它包括政治领导、思想领导和组织领导三方面。①政治领导是提出和制定政治纲领、路线和方针政策，通过宣传动员，使群众朝着该政治目标行动起来，并为之奋斗。②思想领导是指从理论和意识形态方面，通过宣传教育，让群众接受并转化为群众自己的思想和行动。③组织领导是指建立一定的组织系统、组织机构和组织制度，设置各层职位，选拔任用干部等。政治领导是根本，思想领导是基础，组织领导是保证，三者结合构成有机的整体。

（2）领导者就是实施领导行为的人，即在社会活动中带领、引导群众实现一定目标的指导者、指挥者和组织者。

（3）领导班子就是由若干领导者组成的领导集体。

（4）领导活动就是领导者（或领导班子）为了实现预定的目标而采用一定的组织形式、领导方法和艺术，带领被领导者完成预定任务的一种行为过程。构成这个过程的要素是领导者、被领导者和共同作用的客观"环境"，即领导活动＝领导者＋被领导者＋客观环境（作用对象、任务、目标等）。

2. 领导的类型

领导类型是根据领导者在领导活动中的职能来划分的。从不同的角度可以对领导进行不同的分类。

现代中国领导类型划分主要有以下几种：

（1）按照社会系统划分。按照社会系统划分，领导分为党组织系统领导、政府系统领导、军队系统领导，政府系统领导又分为工业系统领导、农业系统领导、教育系统领导、卫生系统领导等，以及社会团体系统领导。

（2）按照领导层次划分。按照领导层次划分，则分为中央领导、地方领导、部门或单位领导；在部门或单位内又划分为高层领导、中层领导和基层领导。

（3）按照工作性质划分。按照工作性质划分，有政治领导、行政领导、业务领导、学术领导。

以下是我国常见的领导分类方法：

第一，政治领导。政治领导是为适应和促进经济发展需要而产生的，是以解决上层建筑领域里的矛盾为主要对象的领导。我国的政治领导集中体现为中国共产党对国家的绝对领导，其实质就是从宏观上指引和掌握国家的发展方向。政治领导在一切领导活动中起统率作用，因此，政治领导具有权威性、战略性和相对稳定性等特点。

第二，行政领导。是指国家机关对经济和社会发展建设的具体活动的领导。即政府为了实现国家的目标或某些特定的任务，依靠政权实施的领导。

第三，业务领导。就是指对各类专业工作的领导。

（4）按照领导形式划分。按照领导工作形式的不同划分有直接领导和间接领导。

第一，直接领导。是指在一个组织中，领导者与被领导者是直接的、面对面的上下级关系，实行的是直接、具体和微观的领导。主要是通过计划、组织和控制等职能去指导和规范下级的行为，以达到组织的目的。医院内部的领导，一般属直接领导。

第二，间接领导。是指领导者和被领导者不在一个组织内，所进行的领导是间接的、原则上的和宏观的，一般通过路线方针、政策法规、宏观规划指导下级的工作。我国卫生行政部门对医院的领导属宏观的间接领导。

（5）按照领导体制划分。按照领导的体制划分有个人领导和集体领导。

第一，个人领导。是指由单位主要负责人个人实施领导职权。包括家长式领导和家长制式领导两种情况。两者在形式上似乎都属集权式的个人领导，但有本质的区别。

第二，集体领导。现代集体领导指的是领导班子的集体领导。

（二）医院领导的素质、职责与职能

1. 医院领导的素质

领导素质是领导者的品德、知识、才能、身心等方面的综合反映，是做好领导工作的必要主观条件，也是一个医院能否顺利运行的先决条件之一。

（1）政治素质。拥有良好的政治素质是对医院领导最基本的要求。医院领导对医院工作中的问题，首先，要运用马克思主义的立场、观点和方法去分析研究，树立科学发展观，自觉地坚持四项基本原则，坚持贯彻执行党的路线、方针和政策。其次，要有良好的思想作风，加强道德修养，以身作则，在政治、业务、管理上起表率作用。

（2）知识素质。高水平的知识素质是做好领导工作的基本条件。管理学是医院领导者开展工作的理论基础，所以，医院领导者不但要具备医院管理学的专业知识，能够掌握医院业务的基本程序和医院管理的基本规律，而且还要善于将这些知识正确运用于日常管理工作中。

一个优秀的医院领导者，其横向知识面应不少于他知识总量的80%。因此，医院领导者不仅要了解相关的医学专业知识，还要有广博的其他学科知识，特别是对管理心理学、领导科学、卫生经济学、信息科学、系统工程学和电子计算机知识等要有较深入的了解。医院领导者还应掌握一定的社会科学和人文科学知识，如哲学、社会学、商品学、法学、语言学、心理学、伦理学、美学等。医院领导应将以上各方面的知识联系起来，并在实践中融会贯通，提高医院管理工作的科学性和有效性。

（3）品德素质。品德素质是对医院领导者的基本要求。医院领导者要有崇高的思想境界，并以此去影响人、感染人和教育人；要有良好的工作作风，具有强烈的事业心和高度的责任感，勇于创新进取，严于律己，秉公办事；要有宽以待人的胸怀，善于听取不同的意见，团结有不同学术见解、不同个性的成员，充分发挥团体的作用；对工作中的批评意见要虚怀若谷，对工作中的问题或下属的过失，要勇于承担责任，不能文过饰非，把错误推给别人，把成绩归功于自己。

（4）能力素质。能力素质在医院领导者素质中居于核心地位，是医院领导者顺利完成管理活动的必要条件。

有统筹全局的能力。医院领导者应树立整体观，从医院全局出发处理问题，不能只顾局部，不顾整体，只顾眼前，不顾长远。

有科学决策的能力。医院领导者要积累丰富的知识，具备科学思维方法和正确的判断力，善于抓住机会，当机立断，科学决策。

有组织协调能力，主要包括计划能力、利益整合能力、沟通协调能力、识人能力、社会活动能力等。

（5）身心素质。身心素质包括身体素质和心理素质。身体素质是领导者综合能力得以发挥的物质载体，心理素质是领导者进行管理工作的心理基础。

医院领导者经常处于繁忙的工作状态，如果没有健康的体魄和良好的心理，是无法胜任的。因此，医院领导者应注意锻炼身体，生活要科学、有规律，保持身体健康；保持精力旺盛，具备坚强的意志，保持足够的冷静与理智，并且善于调节自己的心理状态。

2. 医院领导的职责

（1）决策。决策是管理最本质的职能，也是领导者的基本职能。医院领导者对非规范事件和下级请求的重大问题，应能做到多谋善断、选择最佳解决方案。

（2）计划。医院领导者都应统筹全局，掌握医院工作的规律，根据形势和客观实际情况的变化，在充分论证的基础之上确定目标，做出合理、实际的发展规划和阶段性工作计划。

（3）组织与用人。医院领导者应该建立适合自己医院工作的部门，并将各部门有效地组织起来，形成科学的组织结构；同时，合理有序地用人与选人，善于激励，使医院整体运作具有组织与人力保障。

（4）协调与控制。医院领导者应在复杂的工作环境和人际关系中善于协调与控制，及时发现问题、分析问题、解决问题，并采取相应的协调对策，适时控制，引导事态向好的方向发展。

3. 医院领导班子的职能

领导职能是领导者依据客观需要开展一切必要的领导活动的职责和功能，既包括在工作上应承担的具体责任，也包括在法律上应负的行政责任。正确地行使领导职能，是提高领导效率、实现组织预定目标的重要保证。尽管不同层级、不同性质的医院，其具体的职能是不完全相同的，但作为医院领导者，有着如下一些共同的、基本的职能：

（1）制订规划。规划工作是领导功能中最基本的功能，是领导者的首要职能，它决定着领导对发展战略和工作方向的把握。医院管理的成效如何，首先取决于目标方向是否正确。目标方向正确，工作效率高，管理效能也高，可避免弯路和失误。要根据党和国家的方针政策、法律法规和国家卫生事业发展规划，结合医院的实际，在充分调查研究的基础上，统筹兼顾，突出重点，科学预测，锐意创新，制订出医院的发展规划和工作计划。

（2）科学决策。决策就是做出决定。科学决策是指为了达到某种管理目标，运用科学的理论、方法和技术，从两个以上的可行方案中，选择最佳方案并付诸实施的过程。领导者在决策中始终居于主导地位，发挥主导作用。科学决策是领导者的重要职责，决策水平的高低是领导者工作成败的关键，也是检查领导水平和领导效能的基本标志。领导决策要以党和国家的政策法规和医院实际为前提，广泛收集信息，发扬民主，集思广益，统筹和协调各方面的关系，从全局出发，高瞻远瞩，善于决断，勇于负责，充分发挥决策者的主导作用。

（3）制定规章。制定规章是医院领导者的重要职责之一。在建立合理有效的组织机构的基础上，根据上级有关政策法规，围绕医院发展规划目标，制定一系列的规章制度。医院领导者要依据客观形势的变化和实现规划目标的需要，及时调整组织结构和人员安排，修改办事程序和工作制度，建立健全相应的规章制度，才能保证规划目标的实现。

（4）选贤任能。领导者选人用人是实现决策目标的决定性环节。领导者必须树立正确的人才观，具有"知人善任"的本领。知人就是要了解人，指的是对人的考察、识别、选择；善任就是要用好人，指的是用人得当。知人是为了善任，善任必须知人，这是用人政策不可分割的两方面。要做到知人善任，必须坚持走群众路线，建立科学的干部考察制度，对各类人员的德、能、勤、绩（具体包括思想品德、知识结构、智能水平、组织能力、管理绩效等内容）等方面进行考察。总之，医院领导者应当具有识才之眼、育才之方、举才之德、用才之量、护才之胆。

（5）指挥协调。医院领导者在计划、决策和政策的实施过程中，必须加强指挥与协调才能实现有效的管理。也就是要从实现组织目标的整体出发，指导下级组织和人员及时有效地解决管理过程中出现的新情况和新问题，排除工作过程中的矛盾和障碍，保证组织机构协调运转和管理目标的实现。

（6）经营管理。"人才"和"钱财"是医院发展的基本条件，医院领导必须进行成本核算，有效领导医院的经营活动，确保医院的经济效益。

（7）监督控制。任何计划、决策和政策的实施都离不开监督控制，只有有效的监督控制，才能保证下级组织和人员严格按照上级的决策指令办事，保证工作进程和效率。监督控制是保证计划、决策及各项方针政策贯彻落实，实现组织目标，防止违法违规现象发生的重要手段。

（8）思想与文化建设。领导要通过思想工作以及单位文化建设帮助员工树立正确的人生观、价值观，将员工个人的理想信念与组织发展目标紧密结合，达到领导与员工、员工与员工紧密团结、协调合作，实现事业蓬勃发展的目的。

（9）检查总结。检查总结是对决策计划的重新审查，也是使任务落到实处的保证。通过检查，总结经验教训，进一步改进工作，提高工作绩效。医院领导应遵循以目标计划为依据和系统分析、实事求是的原则，采用跟踪检查与阶段检查相结合，自上而下检查与自下而上检查相结合，定性检查与定量评估相结合的方法，认真做好检查总结，不断改进领导工作。

（三）领导效能与考评提升

领导效能①是领导班子在实现特定的领导目标过程中所获得的领导效果及由此而体现的领导能力（领导班子和个人）的综合表现，它是整个领导工作成败的具有决定性意义的标志。领导效能的考评就是通过领导效果对领导能力进行考察和测评，是将领导效能明确化和公开化进而促使整个领导工作向着民主化、科学化和现代化迈进的重要手段。做好这项工作，必须坚持正确的考评原则，运用科学的考评方法和技术，以达到提高领导效能的目的。

1. 领导效能

（1）领导效能的构成要素。

第一，领导目标。领导目标对检验领导效能具有决定性作用。首先，领导目标具有指向作用。其次，通过领导目标可以协调并推进领导工作的开展。最后，领导目标是评价领导效能的尺度。因此，领导目标是整个领导工作的中心，是检验领导效能最根本的要素。

第二，领导效果。领导效果是领导行为引起的组织状态、组织环境和组织关系的有效变化，其优劣直接体现了领导效能的高低，因此领导效果自然成为评价领导效能的直接要素。一般说来，领导效果须通过领导效率和领导效益两个指标来反映。所谓领导效率是指领导者和领导集体在单位时间内实现领导目标（或任务）的具体数量和质量指标（或绩效）。所谓领导效益是指领导行为所带来的客观价值（产出）与实施领导行为的总体投入之比。领导效益的根本要求就是以较小的投入获取较大的产出。因此它是领导效能最本质的体现。

第三，领导的主客观条件。领导工作的主客观条件对领导效能的发挥具有重要作用。领导的主观条件主要是指领导者个体素质和具有特定结构（包括年龄结构、知识结构、专

---

① 效能是效果和能力的统一。能力是通过效果显现出来的，特定的效果必由特定的行为所产生，特定的行为以特定的目标为前提。

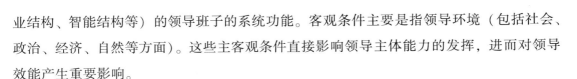

业结构、智能结构等）的领导班子的系统功能。客观条件主要是指领导环境（包括社会、政治、经济、自然等方面）。这些主客观条件直接影响领导主体能力的发挥，进而对领导效能产生重要影响。

领导目标、领导效果和领导的主客观条件三者相互联系、相互作用，共同构成领导效能这一综合体。领导效能与三个要素构成函数关系。

（2）领导效能的主要内容。领导效能作为领导活动结果的体现，因领导活动作用的方式、环节的不同，表现出极其丰富的内容，主要有以下方面：

第一，时间效能。领导的时间效能是领导效能在领导者（包括领导班子）对时间运筹方面的具体体现。即领导者掌握、运筹和利用时间的效果和能力。

第二，用人效能。领导的用人效能就是领导者在选贤任能，合理使用人才方面的行为效果和能力。主要表现包括：任人唯贤；知人善任；健全的用人制度；识才、爱才；扬长避短。

第三，管理效能。领导的管理效能是领导者在对组织系统（包括人、财、物、时间、信息等）实施计划、组织、指挥、协调和控制等管理职能时表现出的行为能力和工作效果。其中最主要的是领导者对整个组织的方向目标、大政方针的宏观决策的正确性。领导的管理效能具有较强的综合性，因而需要通过综合指标（效率和效益）来表现。

第四，职责效能。领导的职责效能是指领导者在履行其职责（包括调查研究、科学决策、选贤任能、思想工作、检查总结等）过程中表现出的行为能力和工作效果。它是领导者自身素质的重要表现，领导者能否出色地履行其职责并成功地处理与其职责相关的问题，对其下属职责的履行有着直接的影响。一个认真履行职责的领导者所领导的组织必然是个职责分明、办事有序、协调一致的组织。

第五，贡献效能。领导的贡献效能是领导者领导行为能力和领导活动全过程的整体效果的综合体现。它包括两方面的含义：一是领导者个体的贡献效能；二是领导集体的整体贡献效能。领导者的一切行为活动的最终目的就是为组织目标（领导目标）的实现做出贡献。因此，领导效能最本质的就是领导的贡献效能。

（3）领导效能的重要意义。领导效能是领导活动的出发点和目的，是推动领导工作发展的根本动力。它对领导者自身素质的提高、对整个领导工作的成败都有着极其重要的意义。

第一，促使领导者自觉地提高自身的领导水平。领导效能是领导行为的最终结果，是领导水平的最终体现。一个高效的领导者需要有良好的自身修养和素质，需要掌握科学的领导理论和相应的专业知识，需要具备丰富的领导经验，灵活而科学地运用各种领导艺术。总之，需要有高超的领导水平。因此，要获得满意的领导效能就要求领导者必须自觉地加强学习、积极探索、大胆发展、博采众长，不断提高自己的领导水平。

领导效能作为一种强大的动力，能够推动领导者自觉地提高自己的领导水平。一方面，领导者通过领导实践活动获得领导效能，实现领导目标，必然给组织带来效益，也就必然对领导者产生激励和鼓舞。另一方面，随着领导效能的不断实现，领导者可以随时总结经验，扬长避短，不断使领导活动获得新成就。

第二，促使领导者自始至终从效能出发。领导活动是通过领导者指挥、引导其组织成员实现既定目标的行为过程。因此，整个领导活动必须自始至终地从实现领导目标的效能出发。

第三，领导效能是衡量一切领导活动成效的综合尺度。一方面，领导效能是评价领导活动的客观标准。领导效能的获得体现了领导目标的实现，因此，领导效能就成为评价领导工作的成功与否、成就大小的一个客观公正的标准。另一方面，领导效能是体现领导目标实现程度的重要指标，是衡量领导效能综合性很强的尺度。领导作风、工作态度仅反映领导者的某一侧面，属于领导效能的单项指标；领导效能的综合指标，应是能够反映领导活动的全过程和领导能力各方面的综合性标准。

2. 领导效能的考评

（1）领导效能考评的基本原则。领导工作是由诸多因素构成的极其复杂的创造性劳动，领导效能的考评也是一项复杂而艰巨的工作。从新时期领导的特点出发，考评领导效能应遵循以下基本原则：

第一，局部与全局相统一的原则。领导活动是一个涉及多方面、多环节的综合活动，对领导效能的考评不仅要看其具体方面、具体环节的效能，而且更要着重看其整体效能；不仅要考察其对本单位、本部门的"绝对效能"，而且要重视其对更大范围及整个事业的"相对效能"，做到局部和整体的统一，这样才能使评价真正反映领导效能的本质和全貌。

第二，当前和长远相统一的原则。高明的领导者不仅对组织当前的工作抓得紧，而且对组织未来的发展具有远见卓识。因此要把领导的短期效能和长期效能、现实效能和未来效能结合起来，进行客观比较，综合分析，全面考评。

第三，原则性和灵活性相统一的原则。领导活动是一个受多种因素制约的复杂活动。领导者、被领导者和领导环境的随机调整与改变，社会、政治、经济、文化的变革与发展，时空的变迁等都会给领导活动带来影响。因此，对领导效能的评价亦应从实际出发，坚持原则性和灵活性相统一，只有这样，才能使评价公正、客观、合理。

第四，速度和效果相统一的原则。对任何领导者和领导班子来说，努力提高工作效率，是提高领导效能最基本的要求。高效能的领导者必须创造条件提前或按时完成自己的工作。但是，只求速度，无视或忽视效果也是不行的，满意的效能除了效率要求外还有效益要求。效率的中心为"速度"，效益的中心为"效果"，只有在重视效益的基础上加速发展，"速度"与"效果"相结合，才能获得较好的效能。

第五，质和量相统一的原则。对领导效能的考评，不仅要看到领导活动对组织目标实现的量的变化，而且要重视其使组织产生的质的飞跃，两者不可偏废。重质轻量会使考评缺乏客观依据，回到抽象的原始评价阶段，使评价的可信度大大降低；相反，重量轻质就会被大量的表面现象所迷惑，使评价停留在就事论事的初始阶段，无法挖掘领导活动真正质的方面。

（2）领导效能考评的方法。效能的考评采取何种方式和方法，一般因领导层级和单位性质的不同而不同。

第一，比率法。利用领导工作效率考评领导效能的方法称为比率法。首先要明确领导工作效率的概念。领导活动是一个极其复杂的系统活动，其最终目的是实现领导目标，获得整个组织的总体贡献效能。因此，领导行为就其对实现领导目标的作用而言可分三个部分：一是有效行为，即促进领导目标实现的行为；二是有害行为，即阻碍领导目标实现或对目标实现起破坏作用的行为；三是无效行为，即那些既无助于领导目标实现也未对其造成破坏作用的行为。据此，从量的方面看，领导行为的结果就有有效量、有害量和无效量之别。所谓领导工作效率就是领导工作的有效量与工作总量的比率。比率高说明领导效能好，反之说明领导效能差。

第二，综合评价法。综合评价法是以准确全面的信息为基础，按照特定的程序，采用科学的方法对被考评对象进行系统考评的方法。综合评价法一般分评价信息的收集、评价运行和评价结果分析三个阶段。建立评价指标体系是综合评价的基础，没有科学的指标体系，就不可能有客观、公正、科学的评价结论。建立指标体系的原则：①本质性原则是指标体系的建立要能反映被考评对象的本质；②全面性原则是指标体系的建立要能充分、有效地反映被考评对象的全貌；③客观性原则是确定的指标要尽量做到客观、可测；④独立性原则是指标体系中各指标要求相互独立，否则会出现重复评价，影响结果的可信度；⑤灵敏性原则是体系中的指标要有充分的鉴别力和区分度。

合理分配指标权重是综合评价科学化的关键和难点。一般常用的方法有专家主观打分法、统计分析法、重点对象定位法等，这些方法各有利弊，须根据对象和条件合理选用。

此外，在领导效能评价中，经常会遇到一些定性指标，如何将其量化是综合评价面临的又一难点。这方面的主要做法有等级评分法、等级向量对应法或区间对应法。

综合评价的具体算法是多种多样的，如简单综合法、加权综合法、模糊综合评价法等。如何针对具体的考评对象选择恰当的算法，这里既有技术性问题，更有艺术性问题。一般地说，被考评对象层次越高，评价因素就会越高，质量要求越突出，对定量方法的需求性就越强。对一个负责全面工作的主要领导者来说（如医院院长），问题就变得复杂得多，此时用加权综合法、模糊综合评价法效果会更好。

3. 领导效能的提高原则和方法

对领导效能的考评，不能只是为得到某种考评结果，更重要的是为进一步提高领导效能提供依据。为此，必须了解提高领导效能的原则和方法。

（1）领导效能的提高原则。

第一，坚持正确方向的原则。坚持正确的方向是领导活动获得领导效能的首要条件。医院工作必须坚持全心全意为人民健康服务的方向，一切为了人民的健康，处处为人民的健康着想。

第二，高标准、严要求的原则。领导活动要取得高效能，就要有高效率和高效益。高标准是高效能的基础，严要求是高效能的保证。

第三，实事求是、从实际出发的原则。实事求是，从实际出发，按客观规律办事，是各项领导活动的根本原则，也是提高领导效能的根本原则。

（2）领导效能的提高方法。

第一，改进领导方法：①改进思维方法，更新思想观念。如市场观念、信息观念、竞争观念、人才观念、效益观念等都是现代领导者应有的基本思想观念。②在具体领导方法上，要充分注意传统领导方法和现代领导方法的结合，定性方法和定量方法的统一。③在实施领导方法上要尽量采取现代手段，如电子计算机辅助、影视技术等，以提高领导效能。

第二，讲究领导艺术。领导艺术是领导者长期从事领导工作的经验和智慧的结晶。领导者在实施领导的过程中，要讲究领导艺术，以提高领导效能。

第三，转变领导作风。领导作风是领导者在工作和生活中表现出来的一贯态度和行为。领导作风对领导工作的成败、领导效能的高低有着直接的影响。每位领导者都应勤于学习，勇于实践，依靠群众，发扬民主，善于总结，努力培养良好的领导作风。

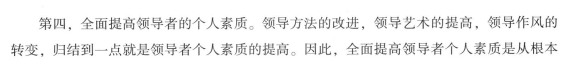

第四，全面提高领导者的个人素质。领导方法的改进，领导艺术的提高，领导作风的转变，归结到一点就是领导者个人素质的提高。因此，全面提高领导者个人素质是从根本上提高领导效能的关键所在，是最核心、最根本的方法。

领导者的素质是一个多层次、多方面的综合体。除了领导者的品德素质、知识素质、能力素质和自然素质外，领导者的领导观念也是不可或缺的重要内容。各级领导者为了适应社会发展这种多层次、多因素、多功能、多变化的社会系统工程的要求，必须具备战略观念、发展观念、服务观念、人才观念、信息观念、民主观念、法治观念以及创新观念等现代思想和多方面的知识及能力素质。

（四）医院人事档案工作的深入发展

"人事档案可以将医院所有职工成长经历、个人学历、职称评定、工作业绩和道德面貌等反映出来，是重要的信息资料，对医院人才培养与开发影响很大。在市场经济发展过程中，医院面临的竞争越来越激烈，在人才方面也有了更大的需求，必须在人事档案管理中做到规范化与科学化。"① 人事档案规范化管理是实现人事档案标准化的前提和基础，也是提高人事档案管理效益的有效途径。

长期以来，我国人事档案在管理思想、管理办法、管理手段和条件等方面存在着许多无序现象，尤其是当今人事档案管理信息系统的无序开发和低端应用，制约着我国人事档案工作的开展。因此，在新的历史条件下，加强人事档案的规范化管理，对于历史地、全面地了解干部、实行党管干部，更好地开展组织人事工作，开发人事档案资源为社会主义现代化建设服务具有十分重要的意义。

1. 人事档案规范化管理的特征

人事档案规范化管理是指根据组织、人事、劳动等部门的现实要求，科学地、系统地、动态地管理人事档案，使人事档案发挥更大效能，更好地为社会主义现代化建设服务。

科学地管理人事档案，就是按照人事档案形成的客观规律，在档案学理论和组织人事理论的指导下，通过建立人事档案管理的法规体系，对人事档案进行科学的组织和加工，保证人事档案的真实、完整、安全和实用，做到收集完整，鉴定准确，整理有序，保管安全，利用方便。

---

① 李亚琼. 浅析医院人事档案管理的规范化措施［J］. 办公室业务，2019（16）：170.

系统地管理人事档案，就是按照人事档案的类别、形式、性质和特点进行分类和整合，保持人事档案内容和形式之间的内在联系，做到层次分明，项目清楚，结构合理，体系完整。

动态地管理人事档案，就是采用电子计算机等高新技术和手段，形成人事档案的网络体系，积极开发人事档案资源，实现人事档案资源的共享。

由此可见，科学性、系统性、动态性是人事档案规范化管理的显著特征。

2. 人事档案规范化管理的主要目标

人事档案规范化管理是一项理论性和实践性都很强的活动，内容很丰富，任务很繁重，就其整体而言，其总的目标主要有以下五项：

（1）收集完整。人事档案材料的来源具有多维性、广泛性和分散性的特点，只有完整、全面地收集人事档案材料，才能使人事档案浓缩一个人的全貌，做到"档即其人"，才能为各级组织、人事、劳动等部门了解人、选拔人和使用人提供重要依据。因此，完整地收集人事档案材料，必须做到：明确收集归档的范围；制定收集工作制度；采用先进科学的收集方法，如整理前收集和整理后收集、内部收集和外部收集、纵向收集和横向收集、经常收集和突击收集等。

（2）鉴别准确。鉴别是保证人事档案真实、完整、精练、实用四者有机统一的重要手段，只有内容真实、准确和完整的人事档案，才能正确反映人员的经历和德才表现，才能为组织人事劳动等部门提供正确可靠的依据，保证党的组织人事路线方针政策的贯彻执行。为此，鉴别工作必须始终坚持去伪存真、取之有据、舍之有理、具体问题具体分析的原则，采用"看"（归档材料是否准确）、"辨"（辨别材料是否真实）、"查"（材料是否完整）、"筛"（保持材料精练）、"审"（手续是否完备）等方法，使归档的材料能客观、准确地反映人员的情况。

（3）整理有序。整理是对收集并经过鉴别的人事档案材料以个人为单位加工成卷的过程。其目的是使人事档案材料系统化、条理化、规范化。其总要求是分类准确，编排（归档）有序，目录清楚，装订整齐。重点是分类和编排（归档），它是人事档案整理工作的关键。分类和编排（归档）必须坚持性质判断、内容判断和同一标准判断的原则。

（4）保管安全。人事档案的保管工作，就是根据党和国家有关档案工作、保密工作的法规和制度，按照人事档案管理和利用的要求，对人事档案所实施的安全、保密、保护和科学存放的活动。安全、保密、有效保护是人事档案保管工作的核心和宗旨。因此，人事档案的保管工作必须做到：①坚持集中统一、分级管理的原则；②实行科学保管、确保工作质量；③坚持"六防""十不准"，加强安全保密工作；④改善保管条件，做好基础工作。在信息化条件下，不仅要注重人事档案实体安全，还要注意保障人事档案信息内容的安全。

（5）利用方便。开发人事档案资源并有效提供利用，是人事档案管理活动的根本目的。只有提供利用，为组织、人事、劳动等部门服务，才能发挥人事档案的作用，产生社会效益和经济效益。同时，也可使人事档案工作质量得到检验和提高。人事档案提供利用是一项政策性、业务性很强的工作，必须坚持保密原则、需要原则、有效原则和客观原则。因此，除了提供人事档案原件外，还需要利用人事档案管理系统建立个人档案信息，编制专题信息资源，开展多种形式的主动服务、联机检索、信息推送服务等。

3. 人事档案规范化管理的途径探索

为了实现人事档案规范化管理的目标，我们认为应该寻求以下途径：

（1）开展人事档案工作目标管理活动。人事档案工作目标管理是指根据党的组织路线、人事劳动工作政策和国家档案工作的方针、政策、法规及规定的要求，以及人事档案事业发展现状和近期发展规划，设计人事档案工作的基本内容和等级标准，按照规定的办法和程序进行考评，认定等级。它是人事档案实行规范化、科学化、现代化管理的有效措施。目前，我国文书档案、城建档案、机关档案等管理部门已经开展了目标管理工作，并取得了成功。实践证明，它对加强档案的规范化管理，提高服务质量，发挥档案的作用意义重大。因此，人事档案管理应借鉴其经验，积极开展目标管理活动，使我国人事档案管理尽快走上规范化、科学化、现代化的发展轨道。

人事档案工作目标管理应在其他部门档案目标管理基础上突出自身的特点，做到有针对性和可操作性。人事档案目标管理的主要内容有：①组织领导；②管理体制范围；③队伍建设；④档案收集与鉴别；⑤档案归档与整理；⑥保管与保护；⑦利用和传递；⑧制度建设和业务指导等。每一项内容细分为各个条款，每个条款都有明确具体的目标要求和量化指标，通过目标要求和量化指标对照检查人事档案部门的具体工作，然后给予准确的评分，根据总的评分认定其等级。

可见，开展人事档案目标管理活动，可以指导、监督、促进和规范人事档案部门的各项工作，极大地调动人事档案部门的工作积极性，提高人事档案部门的工作质量，使其更好地为组织人事劳动部门提供决策和依据，更好地为社会主义现代化建设服务。

（2）促进人事档案部门的干部队伍建设。人事档案要实现规范化管理的目标，需要建立一支政治素质高、业务能力强、知识面宽、德才兼备的干部队伍。加强人事档案的干部队伍建设，是人事档案规范化管理在新的历史条件下的客观要求和重要保证。为此，我们必须做到：①加强对人事档案工作人员的培训和继续教育，包括政治强化和业务学习，努力提高其政治和业务水平；②积极充实人事档案干部队伍，争取把一些政治素质好、有档案专业知识和组织人事工作经验的同志充实到人事档案工作岗位上，也可从高校档案专业、综合性档案馆等招录一些高素质的人员从事人事档案工作；③要保持人事档案干部队伍的连续性和稳定性。现在许多人事档案部门的工作人员多为兼职，有的地方频繁换人，有的地方人员走了没有及时补充，这样既不利于保密，也不利于人事档案工作的管理和干部队伍建设，更不利于人事档案事业的发展。因此，人事档案干部队伍应保持连续性和相对稳定性，做到"先配后调"，重在培养和建设，这是做好人事档案工作和进行规范化管理的关键和长远大计。

另外，人事档案管理规范化管理还可以从微观方面去考察，尤其是从本单位管理人事档案的实际出发，结合相关人事档案管理方面的要求，从具体的档案管理工作环节上进行规范化管理。

四、医院的人才档案管理

（一）人才流动

随着社会的进步和人才学研究的不断深入，现在所讲的人才，是指那些具有时代所要求的先进思想和道德品质，具备相当的文化知识和一定的才能或专长，以自己的智慧和创造性劳动对社会发展做出较大贡献的人。人才是劳动力的重要组成部分。

医院的职责是救死扶伤、治病救人。其工作性质决定了它必然是一个人才密集型的强势团队，而且是一个由多种人才有机组合成的团队。这个团队主要包括医学人才、药学人才、护理人才、医技人才、卫生科研人才、卫生教育人才、卫生管理人才以及后勤管理中的财会人才、工程技术人才和各类技能型人才等。

人才流动是指人才根据经济和社会发展需要及本人工作兴趣、特长等，主动地从一个地域、单位或部门转移到另一个地域、单位或部门，人才的行政隶属关系或工作场所、服务对象发生变化的一种社会现象。医院人才流动是指在现有医疗机构中工作的各类人才为实现自身价值，最大化地发挥自身潜能，根据卫生事业发展和卫生人才市场的需求状况，依据自身条件，对行业内或行业外的职业和岗位进行选择与再选择的一种社会现象。

（二）医院人才流动的意义

第一，医院人才流动是卫生体制深入发展的必然结果。随着我国经济持续稳步增长，计划经济时期的医疗服务已不能适应和满足人民群众不断增长的卫生需求，必须对医疗卫生体制进行全面的深入改革。医疗卫生体制深入改革的重要内容之一就是用人制度的深入改革。

第二，医院人才流动是社会主义市场经济发展的需要。市场经济的发展，要求人、财、物的有机结合，要求人才与生产资料、人与事的合理配置。经济体制的深入发展，要求医疗卫生体制深入改革必须与经济建设和社会发展相适应。随着卫生体制改革的不断深入，适合不同医疗消费水平的医疗机构相继出现，客观上需要卫生人才在地域、行业、部门和不同所有制医院之间流动。搞活医院人才流动，使卫生人才分布与经济发展战略相适应，是经济发展和卫生深入改革的内在要求。

第三，医院人才流动是合理使用和充分发挥各类人才作用的重要条件。医院通过制定各种人才流动办法，使人才的择业自主权得以实现，也是落实知识分子政策的重要内容。人才流动可以使人才找到适合自己专长和特点的最佳岗位，有利于调动医院各类人才的积极性和创造性，充分发挥自己的潜能和实现自身价值。

第四，医院人才流动是调整人才结构和分布的重要手段。我国医院人才一方面在数量上匮乏，不能满足卫生事业发展的需要；另一方面又存在着积压浪费现象。为改变现状，最有效的办法就是让人才流动起来，使不同地区、不同医院、不同专业、不同学术风格的人才互相交流，取长补短，兼收并蓄，各得其所，逐步消除不合理的人才结构和人才分布。

（三）医院人才流动的原因

人才流动的形式是指人才通过一定的方式进行流动。由于我国医疗机构所有制性质的不同，以及存在"干部"与"工人"的身份界限，不同所有制及不同身份的人才其流动形式也有所区别。具体流动形式如下：

第一，正常调动。正常调动一般指"动编"调动。凡是在有调配权的全民所有制医院之间流动的人员，须由本人提出申请，经单位同意后，方可办理调动手续。

第二，招聘。招聘是指医院人事部门有组织、有计划地通过刊登启事、发布广告、参加人才交流会等形式，聘用本医院所急需的人才。招聘的主动权在医院一方。

第三，应聘。应聘的主体是个人，它是指个人根据自身条件和招聘要求，自愿报名，接受考核，最终决定是否接受聘请担任某一职务的意向行为。

第四，借调。借调是指一方医院因工作任务或技术需要，经与有关单位协商，同意短期使用对方单位的人才。借调不改变被借用人才的隶属关系，借调期限、待遇、相关管理工作由双方单位商定。

第五，离休、退休和退职。离休、退休和退职是医院人才流动的重要组成部分。退休是指工作满一定年限，达到规定年龄，根据国家法律和政府规定，退出工作职位，享受一定数额的退休费，以安度晚年生活的一项制度。退职是指因个人身体健康状况，经医院证明完全丧失劳动能力，不能继续坚持工作，但又不符合国家规定的退休条件，而退出本人原工作职位进行休养的一项制度。退职后，按本人标准工资发给一定比例的生活费用于维持生活，其他待遇与退休人员大体相同。

离、退休无须本人提出申请，组织、人事部门应事先按照干部管理权限报经任免机关批准，在其达到离、退休年龄前一个月通知本人，并在其达到离、退休年龄后一个月内按照规定办完有关手续，不再列为在编人员。对少数高级专家，确因工作需要，且身体健康，能坚持正常工作，征得本人同意，经批准后，其离退休年龄可以适当延长。

退职须本人提出申请，经批准后，方可办理有关手续。退职后亦不列为在编人员。

第六，辞职。辞职是一种个人行为，主动权在个人。辞职包含辞现职和辞公职两层含义。辞现职是指辞去所担任的领导职务，但不脱离原单位，仍属在编人员。辞公职是指不继续在原单位供职，脱离工作关系，终止原有权利、义务和待遇。

第七，辞退。辞退亦称解职、责令退职，是单位的一项权利，主动权在单位。它是指因法定事由，经法定程序，单位主动解除与职工的关系。辞退职工须按人事管理权限，经单位领导集体讨论决定后，办理辞退手续，发给本人《辞退证明书》，并按有关标准发给一次性辞退费。档案转本人户口所在地街道办事处。辞退后，不再列为在编人员，并从此解除与原单位的一切关系。

（四）医院人才流动的管理

医院人才流动的管理包括人才流入管理、人才流出管理和人才内部流动管理三方面。加强对这三方面的有效管理，对调动人才的工作积极性和创造性具有至关重要的作用。

1. 医院人才流入的管理

（1）医院人才的主要来源。医院人才的来源包括：①在职人才的工作调动；②医药院

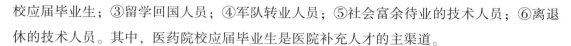

校应届毕业生；③留学回国人员；④军队转业人员；⑤社会富余待业的技术人员；⑥离退休的技术人员。其中，医药院校应届毕业生是医院补充人才的主渠道。

留学回国人员是医院补充高级人才的重要来源之一。留学人员是国家重要的人才资源，为吸引留学人员回国服务，国家人事部出台了相关文件，为留学人员回国创业提供了一系列的优惠政策。作为医院的管理者应充分利用国家的优惠政策，采取灵活多样的方式吸引留学人员，为留学回国人员营造良好的内外环境，搭建创业舞台。也可采取技术合作等方式，借助留学人员的智慧，提升医院的医疗水平和科研管理水平。

离退休的技术人员由于技术较全面、稳定，使用成本低，基本上不需要培训即可进入工作状态，如果工作需要，对离退休技术人员的使用和开发，也是人才使用的一个途径。

（2）医院补充人才的形式。现阶段我国医院补充人才的主要形式有动编调动和非动编的借调、兼职、返聘、从国内外聘请客座教授等。

2. 医院的人才流出管理

（1）把好手中"双刃剑"。医院人才流动率过高，医院的人才成本将会大大增加。据测算，每流失一名人才，所带来的显性损失为其月工资的 3～4 倍，而在医院的医疗、教学、科研以及对其他人才士气的影响等方面带来的隐性损失是无法用金钱来衡量的。医院管理者对人才流动要有正确的认识，并给予正确的引导。对申请流出的人才不能简单地采取"堵"的办法，硬"堵"的结果往往是"身在曹营心在汉"，也可能进一步激化矛盾。因此，医院管理者应该把重点放在对卫生人才市场的分析上，了解医院各学科带头人和骨干人才的思想动态，加强学科人才梯队建设，对人才结构不合理的学科要采取有效措施，进行科学、合理的调配，对申请流出的人才进行有效的引导，使医院的人才流动率保持在可承受的范围内。

（2）医院人才流出的类型：包括自愿流出和非自愿流出。自愿流出主要包括工作调动、出国、退职、辞职、升学深造等。自愿流出的主动权在个人。自愿流出一般比较突然，流出前比较保密，个人经过慎重考虑后会突然提出申请，院方往往措手不及。这种突发性的人才流出，有时会影响到一个学科的整体发展，对医院来说是一种人才资源的损耗。

自愿流出根据流出人数的不同可分为个体流出和团队流出。个体流出是指人才的单个离职；团队流出是指医院的某个学科或某个工作小组的人员集体离职。团队流出是市场经济发育期出现的一种偏离于人才市场正常运作的人才流动方式。团队流出对一个医院的组织体系或学科发展可能产生毁灭性的打击。对医院的管理者来说，要建立完善的人才流动预警系统，及时了解掌握人才流动的新动向，有效防范人才流出，尤其是团队流出。

非自愿流出主要包括离退休、辞退、解聘等形式。非自愿流出的主动权在医院。合理的非自愿流出有利于医院调整人才结构，对医院的发展是有益的。

（3）医院人才流出前的离职面谈。人才流出前的离职面谈是人才流出管理的一个重要环节。对于医院来说，这是一次改善组织管理的机会。但这个环节往往被管理者所忽视。

当一位人才提出离职时，作为医院的管理者首先要判断这位人才的价值。具体从以下方面进行分析：①可替代程度；②在学术上的影响力和权威性；③曾经取得过哪些突出成绩；④在医院学科建设和人才队伍建设中的位置和作用。

总之，决定面谈的具体内容和技巧。对医院急需的人才，要采取有效的挽留措施，实在挽留不下的要尊重对方的意见。在办完离职手续后，要为离职的人才饯行，征求改进工作意见，鼓励离职人才在新的工作岗位上取得更大成绩，邀请离职人才有空常回来看看或参加一些学术交流活动，离职后保持经常联系，并表达医院随时欢迎其回来工作的意向。对于表现特别突出的人才，可以聘其为兼职教授、研究生导师或名誉行政领导。通过离职面谈，既可融洽双方关系，挽留人才，也有利于改善医院今后的管理。

3. 加强医院人才内部流动的管理

医院人才内部流动是医院人才流动管理的重要组成部分。这种流动方式被大多数医院采纳，并取得了较好的效果。

（1）医院人才内部流动的形式。

第一，职务晋升。职务晋升是指将人才从原有职位提升到更高的职位上。当医院某个职位出现空缺时，首先通过院内张榜公布招聘信息，然后按程序和要求进行公开选拔。职务晋升可以调动医院人才的工作积极性，增加人才的稳定性。

第二，岗位轮换。岗位轮换是指人才按规定从某一个工作岗位任职期满后调整到另一个工作岗位。岗位轮换有助于拓展人才的知识面和增加工作经验，提升工作适应能力。

第三，平级调动。平级调动是指人才在同一级别的职位之间的调动。平级调动也有激励的作用。可以丰富个人的工作内容，从事更有兴趣的工作，充分挖掘个人的潜能，获得更大的满足感。

（2）医院人才内部流动的意义体现。

第一，医院人才的内部流动是最经济的流动。相对外部人才流动来说，具有较低的招聘成本。

第二，医院人才的内部流动具有较高的成功率。由于双方知己知彼，因此，流动的成功率较外部流动要高。

第三，医院人才的内部流动能激励人才，充分调动人才的工作积极性和创造性，人才能尽快进入工作状态，投入工作。

第四，医院人才的内部流动与从外部新录用的人才相比，对医院较忠诚、较稳定，流动性小。

第五章 现代医院档案资源开发利用及策略

第一节 档案资源开发利用概述

近年来，随着经济、文化、科技等各项事业的不断发展，档案的重要性日益引起人们的普遍关注和广泛认同，大力开发利用档案资源已经非常现实地提上了各级档案部门的议事日程。

档案开发利用是指通过各种科学有效的技术、方法，编研、出版和发布档案信息，为经济社会的发展提供多样化的信息服务，满足各种信息利用需求，充分实现档案价值的工作。

一、档案开发利用的构成要素

(一)档案开发利用的主体

1. 档案开发的主体

开发档案资源是由不同类型的档案机构承担的，其编制各种档案信息检索工具、编纂公布不同种类的档案、提供各种编研成品、提供深层次的档案信息服务。档案机构类型众多，有档案馆、档案室、文件中心以及档案寄存中心等，各档案机构由于性质不同，档案资源开发的任务以及服务的范围也有所区别。总体而言，档案馆、档案室承担着档案资源开发的责任和义务，文件中心以及档案寄存中心则主要负责管理档案，基本不负责开发档案资源，而档案室主要负责向本组织提供相应的档案信息服务。

当然，档案机构中从事具体档案开发工作就是档案人员了，他们的思想观念和业务素质直接影响着档案开发的质量。档案馆因时代背景的转换，在传统实体档案馆仍占主体地位的情况下，一些新型的档案馆，如数字档案馆开始出现，使得档案馆的功能得到进一步延伸和深化。

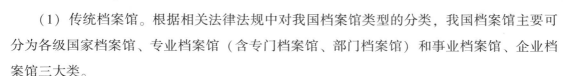

（1）传统档案馆。根据相关法律法规中对我国档案馆类型的分类，我国档案馆主要可分为各级国家档案馆、专业档案馆（含专门档案馆、部门档案馆）和事业档案馆、企业档案馆三大类。

第一，各级国家档案馆，又称综合性档案馆，其馆藏档案来自各级党政机关形成的政治、经济、军事、文化等社会实践活动。它对政府的施政具有重要的参考作用，对社会经济的发展具有重要的促进作用，同时对科技文化的创造性活动具有重要的推动作用。因此，明确相关规定，综合性档案馆要通过多种方式，积极地开展档案资料的开发利用工作，参与编史修志工作。

第二，专业档案馆是指国家专门管理某一方面或某一特殊专业和技术活动中形成的档案而设置的档案馆。目前我国有全国性的专业档案馆，如中国照片档案馆、中国电影资料馆；有地方性专业档案馆和某一专业系统建立的专业档案馆，如机械工业部档案馆、铁道部档案馆、测绘档案馆、邮电部档案馆、交通运输部档案馆、气象档案馆等，以及记录和反映城市建设的档案馆——城市建设档案馆。专业档案馆保存的档案由于具有专业技术性强、时效性强的特点，因而其档案资源开发利用工作具有非常强的针对性、专业性，它要求其开发信息资源时必须掌握相应的专业术语，在适当的时机促进档案的利用。

第三，事业档案馆是档案馆的一种类型，它是学校、医院、科研等单位设立的永久性保管本单位及所属部门档案的专门机构，大致可分为文化事业型档案馆和科技事业型档案馆，它与企业档案馆类似，亦是对内服务为主，对外服务为辅。文化事业型档案馆中的高校档案馆在档案资源的开发利用中占有重要作用。高校档案馆保存的有教学科研档案、学籍档案、文书档案、基建设备档案等，其中的教学科研档案蕴含着极高的价值，对于教学以及科研的创新有着重要的作用。加快教学科研类档案的开发与利用，是高校档案馆未来的发展方向。因此，高校档案馆要积极配合学校的教学活动以及教师和学生的利用需求，加快高校档案的开发力度，在为本校服务的基础上，向社会普通公众提供服务。

第四，企业档案馆是收藏和管理本企业档案的档案馆。由于企业档案馆是企业的有机组成部分，作为企业的内部组织机构，它必须服从和服务于企业的中心工作，必须为企业的决策和管理服务。企业管理工作中形成了各种档案，诸如科技档案、文书档案、会计档案、经营管理档案、生产技术档案等，其中科技档案所占的比重最大，不同类型的企业，其档案的专业性特色也各有不同。因此，企业档案馆开发档案资源时，其服务对象主要是对内，同时兼顾对外，这就要求企业档案馆根据企业信息需求的变化，有选择地开发档案资源，尽可能发挥科技档案的增值作用，为企业管理活动服务，针对企业的档案史料，可以编辑企业大事记、企业沿革等史料，向社会提供服务，宣传企业生产、经营和科学技术发展等方面的情况。

（2）数字档案馆。数字档案馆是利用网络技术，将分布于不同档案机构的数字化档案资源，以网络化方式相连接，提供及时利用，实现档案资源共享，其实质就是一个有序的信息空间和资源共享的信息环境。数字档案馆是利用电子网络远程获取档案文件信息的一种方式。

数字档案馆拓展了现行实体档案馆档案资源开发与服务的能力。它主要通过搜寻和利用档案机构拥有的馆藏资源来满足用户档案信息需求，它把逻辑的、动态的档案资源和档案信息管理系统引进了实体档案馆，在其中构建了一个虚拟的档案信息环境，打破了实体档案馆及其馆藏的物理界限，使档案馆在网络上能方便地搜寻、选择、开发档案资源，同时借助强大的技术能力，可以大大延伸并拓展实体档案馆的档案资源开发服务能力，从而更有效地开展社会服务。

（3）档案网站。档案网站是档案机构在公共信息服务网上建立的站点，它一般以主页的方式提供相关档案服务和开展档案宣传。档案网站目前是档案资源开发与利用的一个重要平台及窗口。

（4）档案人员。档案开发利用工作就是对档案资源进行开发，及时输出档案信息，来满足广大档案用户的利用需求，它要靠档案工作人员通过若干工作环节来完成。从档案信息开发过程来看，档案工作人员是不可缺少的、最有活力的、最关键的要素之一。档案工作人员能否正常地发挥其整体功能，这不仅取决于档案工作人员之间的协调状况，还取决于档案工作人员的素质，即档案工作人员所具有的文化素质、技能素质及职业道德修养等整体水平和结构状况，它不是专指某一个具体工作人员的素质，而是指参与档案开发利用的工作人员的整体素质和结构状况。

2. 档案利用的主体

用户是档案信息及其服务的使用者。用户作为档案信息开发服务的对象始终处于中心位置，作为资源组织与服务环境，档案用户的基本状况和要求不仅决定了档案资源开发的方式和信息服务的内容，而且决定了档案信息开发服务工作的机制和模式。在局部上，某一部门的档案用户需求决定了该部门档案信息开发与服务的内容。从整体上看，一个国家各种类型和层次的档案用户及其信息利用需求，在全局上决定了整个国家档案信息开发服务业的总体规模、原则和要求。

（二）档案开发利用的客体

档案开发利用的客体是指档案资源，它是指档案信息活动中各种要素的总称，以档案信息本体为主要内容，涉及档案信息相关的各种技术、设备、资金等要素。作为档案开发利用客体的档案资源，来源于社会经济发展的各个层面，种类多样，呈现出多维的价值形态，为信息资源开发利用工作打下了坚实的基础。

丰富的档案资源有利于提高档案开发利用的效率。为此，各级档案部门大力开展了丰富馆藏活动，在充实档案馆藏工作中，档案资源的系统性、连贯性应引起重视，在征集范围上应改变以往只注重党政机关文书档案的单一性，力求扩大到社会各个方面，多征集反映经济建设、科学研究、文化事业等方面的档案和企业生产经营管理方面的档案，以及民众所需要的事关人生、家庭的档案，个人学历和履历、城市历史的人物和事件、地方历史风貌、社会重大事件方面的档案资源等。另外，传统的馆藏档案以纸张、照片、录像和录音等形态为主，利用方式也主要是借阅咨询和编辑出版档案史料等。为实现档案资源更大程度的共享和开发利用，在充实馆藏的同时，档案数字化要稳步推进。

1. 档案资源的类型

档案是人类社会实践活动中形成的历史记录，它客观地记录了人们在政治、经济、科学、技术、文化等各个方面的历史发展过程，因此，档案是人类的记忆，是人类生存、发展所需要的重要资源[①]。随着社会的发展和档案资源数量的不断增多，人们往往会从不同的视角来认识档案资源，这就需要对档案资源加以分类[②]。

在档案资源与其他事物的划分方面，我们不仅依据档案的本质属性，还需要依据其他显著特征对档案资源做进一步分类。目前，档案资源的种类一般可用形成者、形成时间、内容和形式等标准进行划分。

（1）依据档案资源的形成者标准划分。根据档案资源的形成者划分，档案资源可以分为法人档案资源和自然人档案资源。

第一，法人档案资源。法人档案资源又可分为国家法人档案和其他法人档案。国家法人档案一般称为公务档案；其他法人，即除国家法人以外的法人，包括集体法人、企业法人、事业法人、社团法人、财团法人等，这些社会组织在其活动中也形成了各自的档案。

---

① 资源是指人类生存、发展和享受所需要的一切物质和非物质的要素。

② 分类是指以事物的本质属性或其他显著特征作为依据，把各种事物集合成类的过程。它是人们认识事物、区分事物、组织事物的一种逻辑方法。

第二，自然人档案资源。自然人档案资源亦称私人档案资源，其又可分为个人档案、家庭档案、家族档案和社群档案。

个人档案：某些个人在社会活动中，不断地形成的有关其个人的历史记录，如书信、日记、账册、手稿、各种证明文件等。

家庭档案：由婚姻关系、血缘关系或收养关系而发生的亲属间的社会生活组织所形成的档案。家庭中各成员在其社会活动中都会形成档案。

家族档案：以男系血统为中心的亲属集团所形成的档案。一般由宗祠档案、支祠档案和家庭档案所构成。家庭档案与家族档案在积累文件的成员和代数上是不同的，家庭全宗一般不多于三代人的材料，家族全宗一般不少于四代人的材料。

社群档案：是指一个特定社群成员所形成的资料的集合，该资料集合的获取和利用由社群成员控制。因此，社群档案也可认为是按档案形成者形成的一种档案。

（2）依据档案资源的形成时间划分。根据档案资源的形成时间划分，档案资源可以分为古代档案资源、近代档案资源和现代档案资源。

第一，古代档案资源。我国的古代档案资源是指1840年以前所形成的全部档案。这些档案保存于不同的载体上，形式极为丰富，有甲骨档案、简牍档案、金文档案、缣帛档案和纸质档案等。出于历史原因，这部分档案目前保留下来的很少，但古代档案是我国档案财富中的重要组成部分，是研究中国古代历史的珍贵史料。

第二，近代档案资源。我国的近代档案资源是指1840年至1949年期间形成的全部档案。古代档案资源和近代档案资源习惯上也称为"历史档案资源"。

第三，现代档案资源。现代档案资源是指1949年中华人民共和国成立后所形成的全部档案，其中包括中华人民共和国成立后各种机关、团体、企事业单位以及个人、社群所形成的档案。这部分档案资源是我国档案资源中最完整、数量最多的部分，而且随着时间的推移将会不断地得到补充和增加。

（3）依据档案资源的形式划分。根据档案资源的形式划分，档案资源可以分为文字类档案资源、图像类档案资源和声音类档案资源。

第一，文字类档案资源。文字类档案资源是指一切以文字（含数字）为记录方式的档案。它是档案资源中数量最大的组成部分，而无论其载体为甲骨、金属、石料、简牍、缣帛还是纸张、磁带或光盘等。

第二，图像类档案资源。图像类档案资源是指一切以图像（含影像）为记录方式的档案。它也是档案资源中的重要组成部分，其载体也呈现出多样性的特征。

第三，声音类档案资源。声音类档案资源是指以声音为记录方式的档案，也是档案资源中的重要组成部分，其载体也具有多样性。

值得注意的是，某些地方将印章、锦旗等事物称为"实物档案"，其在概念上是不准确的，这些印章、锦旗等从本质上而言都应属于文字类档案资源范畴，只是这些档案的载体是石料或缣帛而已。有些以实物状态（非文字、图像和声音）存在的事物，虽然保存在档案部门，其实它们不属于档案。

（4）依据档案资源的内容划分。根据档案资源的内容划分，档案资源可以分为普通档案资源和专门档案资源。

第一，普通档案资源。普通档案资源是机关、团体、企事业等单位在行政管理活动中形成的一般档案，以文书类档案为主。我国早期档案资源主要是文书类档案资源。

第二，专门档案资源。社会的发展和科学技术、文化的进步导致了专门档案资源的产生，这类档案资源具有涉及面广、内容丰富、形式各异、记录方式与制成材料多样等特点。专门档案资源是机关、团体、企事业等单位以及某些个人在从事一些特定活动中形成的全部档案，如科技档案、会计档案、人事档案、诉讼档案、教学档案、艺术档案、专利档案、审计档案、统计档案、病历档案、个人档案、家庭档案等。

2. 档案资源的构成

（1）档案机构收藏的档案资源。我国档案机构主要包括国家综合档案馆、专门档案馆及各级各类机关团体、社会组织、企业事业单位的档案管理部门。国家综合档案馆包括中央一级的综合档案馆及地方各级的综合档案馆，中央一级的综合档案馆包括中央档案馆、中国第一历史档案馆、中国第二历史档案馆。

第一，中央一级的综合档案馆。中央档案馆负责收集、管理党和国家在各项事务活动中形成的档案，包括中华人民共和国成立前党政工作的档案史料。中央档案馆也是全国档案工作的龙头，是指导、协调全国档案资源实现有效利用的活动中心。

中国第一历史档案馆主要保存明清档案；中国第二历史档案馆负责收集保管 1912—1949 年间形成的档案。

第二，地方各级的综合档案馆。地方级综合档案馆是指各省、市、县档案馆，负责收集管理本级党政机关及其所属机构、人民代表大会及其常设机构、政协、工会、公检法机关、共青团、妇联等机构及其所属机构在从事社会活动中形成的档案和本级分管范围内各历史时期形成的相关档案史料。地方级档案馆还包括按照地方实际情况设立的专业档案馆。

（2）社会其他机构收藏的档案资源。除各级各类档案管理机构外，社会其他机构如图书馆、博物馆、纪念馆等也不同程度地收藏有档案资源。这些机构所收藏的主要是古代的历史档案，如甲骨档案、简牍档案、金石档案、缣帛档案等，这些档案兼具文物与档案的双重属性。

文博部门保存有大量的历史档案；我国现代出土的简牍档案大多也保存在文博部门，如甘肃简牍除旧居延简与流沙坠简收录的简牍外，绝大部分保存在甘肃省文物考古研究所，少部分保存在甘肃省博物馆以及敦煌、嘉峪关、酒泉、张掖和武威等地的博物馆。

（3）流失海外的档案资源。流失海外的历史档案类型多样，内容丰富，价值珍贵。近年来各级国家档案馆开始注意对这类档案资源的收集，威海、青岛、大连、天津、上海等地档案馆均不同程度通过复制、购买、交换等多种渠道从海外收集历史档案。

（4）口述历史档案资源。口述历史档案资源是对个人进行有计划采访的结果，表现为录音、录像或对其开展的文字记录形式。它具有平民性、叙述性、多元性、规划性的特点。口述历史档案资源是一个国家档案资源的重要构成，丰富的口述历史档案资源，是历史记忆①的见证和重要载体。开展口述历史档案资源建设，可以抢救社会记忆和文化遗产，达到与文字档案之间的互补和有机融合，从而形成一种社会记忆的合力，纠正或克服当今人类由单一档案种类所造成的种种缺失。因此，通过让民众"口述"，可以将他们在某个特定年代的真实生活及体验记录下来，形成更完整的社会记忆，只有典范历史与边缘历史的合鸣才能唤起完备的社会记忆，才是真实的历史。

当前我国档案馆的口述历史档案资源建设表现出不平衡状态，有些地区已经开展，有的地区则没有开展。开展此项工作的档案馆通常是围绕一定的主题（如抗战口述历史档案）或一些名人开展的，普遍缺乏对普通民众或一些边缘化和弱势群体的关注，因此，今后还应更全面地、有计划地推进口述历史档案资源的建设，将其纳入国家档案资源建设的总体框架和布局中。

（5）民间档案资源。民间档案资源是指个人、家庭、家族及社群所形成和保存的档案。这一类档案既包括个人、家庭、家族、社群在从事各种社会实践活动中所形成的档案，如个人的来往信函、日记、亲笔书稿，房产交易、物品典押、财务借贷的合约，合伙经营的合同，交纳赋税的存根；家庭所形成的家庭收支情况档案、家庭健康档案、维护家

---

① 记忆是指人脑对经历过的事物的识记、保持、再现或再认，它是进行思维、想象等高级心理活动的基础。人类最初是凭借自己的大脑来记住自己需要记住的事物、信息的，但遗忘往往伴随着人类的记忆，为抵抗遗忘，人类发明了文字，将自己存储在大脑中的想要留存的记忆固定下来。

庭和家人合法权益的各种法律文书；家族所形成的家谱、族谱；社群所形成的反映社群历史、承载社群记忆的各种照片、录音、录像、文本等档案，也包括个人、家庭、家族或社群所保存的各类档案，如民间所保存的一些官方档案，即官方形成而散失于民间的档案，如皇帝的圣旨、册封，臣僚的奏折，官府的文书等；民间的各种收藏，如碑帖、匾额、钱币、印章、照片等。

民间档案资源是一个国家档案资源的重要组成部分。近些年来我国档案馆也在加强对民间档案管理的指导和合法监管，并广泛开展民间遗存档案文献的收集活动。

（三）档案开发利用方式和环境

随着社会信息化程度的普遍提高，人们对信息的需求也发生了全方位变化，在利用档案时，不仅要求提供原始信息，而且要求提供经过分析、预测的综合信息，尤其需要与经济社会发展密切相关的经济、科技信息。这种形势下，除编研、借阅、展览等传统的档案开发利用方式要继续保持以外，更要充分利用现代信息网络技术进行创新，如档案编研方法的技术创新、档案信息的网络化服务等，以便为经济社会发展提供更准确、更有效的服务。

档案的开发利用需要明确开发利用的主体和客体，更需要通过一定的途径并运用恰当的方法来实现。只有方法得当、途径正确，档案的开发利用才能事半功倍。

档案开发利用环境是指国家的政治、经济、文化、科技等方面的发展会间接影响到档案资源开发利用。良好的政治环境有利于产生开放和开发档案的方针、政策；档案开发利用政策也影响着政治环境，如档案开放、公布制度的实施，配合了政府信息公开，维护了公民的知情权，从而推动了政治民主化进程。包括经济制度、生产力水平、经济发展规模和产业结构等在内的经济因素，很大程度上决定着档案开发利用工作的规模、速度、水平和效益。档案开发利用是服务性的科学劳动，需要大量经费投入，档案工作者主体因素不变的情况下，经济越发达、投入的经费越多，开发利用工作就发展得越快。

档案部门只有做好开发利用工作，产生一定规模的经济和社会效益，切实助推经济社会发展，才能得到认可，获得更多的经费支持。文化事业的发展也对档案资源有必然的利用需求。档案真实记载了人类科学进步、经济建设、文化发展、社会生活等各个领域的情况，是科学文化知识的重要储存形式。这一属性决定了档案资源开发利用工作与文化环境密不可分、相辅相成。科技进步与档案资源开发利用互为影响。现代科技大大加快了档案信息化建设进程，提高了档案部门深入开发档案资源的能力。同时，档案资源中蕴含着丰富的科技信息，运用先进技术对其进行深层次发掘并服务于科技工作，既充分实现了档案自身价值，也有力推动了科技进步。

（四）档案开发利用的意义

档案作为各项历史活动记录，真实记录了一个国家、一个民族、一个地区的历史进程，记录了中国社会主义事业建设所取得的伟大成就，是经济社会全面发展的重要的战略资源。档案开发利用工作，从档案资源中挖掘出有价值的信息，可以促进每一位国民都更深刻地了解中华悠久的历史和文化，掌握时代发展的脉搏，从而更加热爱我们伟大的祖国，并为之自豪。

1. 档案开发利用的文化影响力

（1）档案是一种具有开发利用价值的文化资源。文化资源是指一切文化与文化的物化形态和表现形式的集合，强调其在社会与经济发展中的重要价值。文化资源的开发利用则是指通过一定的手段与方式将文化资源内在的价值转化为实际的社会效益与经济效益的过程与活动。

文化资源可以按不同的标准来分类：从形式上，文化资源可划分为物质文化资源（如文物古迹、档案文献、特色服饰、民族民间工艺品等）和非物质文化资源（如语言文字、文学艺术、绘画美术、音乐舞蹈、神话传说、风俗习惯、民族节庆等）；从内容上，文化资源可划分为民族文化资源、宗教文化资源、地域文化资源（如都市文化、乡村文化）等；从时间上，文化资源可划分为历史文化资源与当代文化资源。

档案是文化的一种载体，承载着珍贵的社会记忆和丰富的文化内容，属于文化资源范畴，具有重要的文化价值，在民族文化传承中处于基础地位，起着文化凭证、文化媒介以及文化教育作用。例如，照片档案，尤其是老照片，具有特殊的历史文化价值，不但能够展现特定的历史场景，而且能或多或少透露出人物或事件背后的一些信息，在一定程度上比较真实地反映了历史的本来面貌，让人们得以更全面地了解当时的社会生活，从而带来无限的想象空间，获得精神的享受和愉悦。

与其他文化资源相比，档案文化资源具有多维性、原生性与相对真实性的特点。首先，档案文化资源多维性是指档案是一种复合型文化品，它蕴含了多维的文化内容。其次，档案文化资源的原生性是指档案是一种初级文化品，是文化内容最基本的物化形态。与图书不同，档案是一种社会信息源，而图书则充当信息与文化的传播工具。最后，档案文化资源的相对真实性是指档案是一种原始记录，具有一定的凭证价值。原始的笔迹与特殊的载体形式使之比其他资料文献记载具有更高的可信度。档案文化资源在文化资源中占有极为特殊的地位，也是文化产品与文化服务创造活动的重要来源，它能够通过与其他生产要素结合，在出版业、影视业、旅游业中转化为巨大的市场价值。

（2）档案开发利用的文化影响力。档案开发利用的文化影响是深远的。从开发手段上来讲，"编史修志"可以说是档案开发利用自古以来典型的表现形式，从孔子编纂《尚书》始，到司马迁编纂《史记》，再到清代编纂《四库全书》，直至今天。正是这一优秀传统的继承，延续和传播了几千年来的中国文化，并带给今人无比丰富的文化宝藏。

档案开发利用促进了我国文化事业的发展。档案编研是现在档案深度开发的一种有效方式，其目的是开发出有利用需求的文化产品。在文化产业蓬勃发展的今天，面对公众文化需求多样化的趋势，档案编研工作，注重对知识的挖掘，创造出有丰富内容、深刻思想的文化作品，对进一步繁荣我国文化事业起到积极的作用。

第一，服务国家文化工程。作为国家重大文化工程——清史工程的启动，为明清档案开发利用提供了一个难得的契机。清史工程大量而急迫的档案利用需求，要求加大编纂出版力度。中国第一历史档案馆有5个专题档案列为清史工程出版项目：《清代中南海档案》《庚子事变清宫档案汇编》《清宫普宁寺档案》《清宫热河档案》《清代军机处电报档》，总计达108册。该馆还为清史工程专门立项10余个，提供系统加工整理的档案资料达400万件。这些清代档案为清史工程提供了大量的第一手资料。

第二，弘扬传统文化。档案具有原始记录性、真实性和权威性，是民族文化传承和爱国主义教育的最佳素材。在当前的社会历史条件下，档案资源在弘扬民族文化方面主要体现在为社会主义精神文明建设服务。建立爱国主义教育基地，不定期开展以民族精神和时代精神为主题的爱国主义教育活动，这样不仅能陶冶人们的情操、净化人们的心灵、培养树立正确的价值观念，而且能增强人们的民族自豪感和责任感、激发民族自信心。

第三，繁荣地方社会文化。档案资源的开发利用能够促进社会文化的发展。挖掘档案资源的社会教育功能，开展宣传教育、传承社会文明，也逐渐成为档案资源开发利用的重要方面。各地档案部门在档案资源开发利用中形成了具有地域特色、馆藏特色和专业特色的档案编研格局，为地方和行业的文化建设发挥了独特作用。

社会档案意识作为社会文化重要的组成部分，档案部门可以借助档案资源开发利用工作提高公众的档案意识，让公众在利用档案的过程中，深化对档案工作和档案部门的认识，加强对档案的重视程度。同样，社会档案意识的提高，也能够促进档案资源开发利用工作不断发展。

　　档案开发利用对社会发展有着重要的现实意义。档案是重要的文化载体，其本身就是一种文化资源，而档案开发工作的最终目的就是要将蕴藏在档案中的文化内涵、文化价值挖掘出来，档案利用工作则是将这些具有文化内涵的信息资源向公众传播，引导其关注和重视，可见这一工作的文化意义。中国历史悠久、幅员辽阔，人文档案资源丰富，并具有明显的区域文化特征，收集地方文化特色的档案资料，应成为各地综合档案馆档案资源建设的重要任务，为实现档案文化资源的有效开发利用打下坚实的基础。

　　2. 档案开发利用的社会影响力

　　（1）社会档案意识。社会档案意识是指人们对档案的性质、价值和档案工作的本质、作用、地位的看法，以及对保护档案的义务的认识和利用档案的要求。社会档案意识越强，对档案工作的支持就越多，就更有利于档案资源的开发利用；反之，档案部门就会缺乏社会的支持，得不到社会的理解，无法与社会进行信息的交换。

　　社会档案意识的高低取决于公众从档案利用中得到实惠的多少。因此，档案服务要贴近民众，要加大开发更多反映社会和生活、与公众密切相关的档案信息产品。因此，档案开发利用必须紧紧围绕着中心工作及当前社会需求来选题。只有找准社会上人们普遍关注的热点、焦点来组织档案信息向社会开放、为人们提供利用，才能实现"一石激起千层浪"的效应，在社会上产生较大影响和轰动，带来好的社会效益和经济效益。同时档案部门要注意利用各种媒体、各种渠道加强宣传，使社会成员了解档案的价值、开放利用的政策和具体规定，从而赢得社会的支持，提高公民的档案信息意识。另外，档案开发利用者也必须端正服务态度，树立"以人为本"的服务理念，积极主动地开发档案资源，提供及时的、便利的、质优的档案信息服务。

　　（2）档案需求。档案需求是指用户为满足自身的某种利益需要，查阅和利用相关档案的潜在要求。档案需求受多种因素的影响。

　　第一，档案需求受档案用户的类型的影响，不同类型的用户其档案需求存在较大差异。如领导部门往往以综合性的档案信息需求为主，而执行部门则以具体性的档案信息为主，普遍公众以关系个人生活的民生档案为主，如婚姻档案、社会保险档案、就业人员档案、失业人员档案、房地产档案、城市拆迁档案、学籍档案和企业职工档案等。

　　第二，同一档案用户在不同时期其档案需求也是不断变化的。如在政治斗争的特殊时期，社会需要的档案以政策性档案和相关人事档案为主；在经济建设时期，社会需要的档案以与经济活动相关的档案信息为主，如企业知识产权档案、市场档案、商情档案、经营档案等。

第三，用户的档案需求具有一定的规律性。通常用户在查询和利用档案时，都要求方便、快捷、全面与准确。用户的客观需求、决定将影响档案资源的开发利用。档案开发利用工作者，必须研究用户对档案资源需求的特点，分析各类档案资源利用率的大小，掌握用户需求规律，有针对性地开发利用档案资源。

总之，社会档案意识的强弱和档案需求的大小决定了档案开发利用工作的繁荣与否。用户对档案信息需求的不同特点，决定了档案资源开发利用的不同形式。档案开发利用工作，需要"因时制宜"，随着时代需求的变化，不断分析和掌握社会档案需求，提供令人满意的档案资源。

（3）档案开发利用的技术条件。在现代信息社会，随着计算机技术和网络技术的高速发展以及电子文件的大量涌现，档案信息的开发利用已经发生根本性的变革。档案信息的利用由传统的入馆查询向网络直接获取转变，各种档案信息借助于计算机网络得到了广泛的传播，利用者足不出户便可通过计算机网络实现对档案信息的异地查询和检索，也能根据自己的需要，自由地查找、阅览、下载所需要的档案信息；而档案信息也在现代化技术条件的支持下实现了其价值的快速和有效的开发。

第一，网络技术的影响。

信息采集更新及时化。目前，大部分档案机构都建立了自己的局域网，通过联网可以直接将各类机关的现行文件收集起来；与传统的文件收集相比，网络信息采集具有及时、高效的特点。当然，档案部门还可以使用网络信息采集软件，它适用于网站定向数据采集、分析、发布，可以对指定网站中的任意网页进行目标分析，归纳采集方案，提取数据并保存在文件和数据库中，档案信息采集的实时性保证了档案信息采集的时效。另外，档案部门可以通过网络及时更新档案网站上的信息，以利于利用者对最新文件的利用。

信息查找利用便捷化。档案信息网站建成之后，利用者可以直接利用网上的信息查询系统查找自己所需要的档案资料，不需要直接到档案馆查找档案，档案馆也可以在网上直接为利用者提供服务，提高了档案的利用率。通过联网，档案馆不再只限于利用本馆档案，也可以为利用者提供他馆的档案信息或有关线索；网上查询缩短了档案馆与利用者之间的距离，提高了档案馆远程服务的能力。档案馆利用计算机和光盘检索系统查找档案资料，极大地提高了档案信息的检索速度，提高了查全率和查准率，节省了利用者查找档案资料的时间，同时也减轻了档案馆接待人员的劳动强度，使接待人员有精力对档案信息进行更加深入的研究和分析，为利用者提供高水平的服务。

对于利用者而言，档案查询的目的有很多，如汇编、统计、管理、提供服务等。其中提供服务是整个档案管理查询目的最为主要的一个，采用计算机检索技术可使检索查询变得准确、方便、快捷。另外，对于已开放的档案信息，还可以通过计算机网络实现资源共享，实施开放档案目录的社会化利用。

信息实时交流有效化。信息网络的基本特征是信息组织开发的数字化和信息交流传播的网络化。与传统的文献资料相比，数字档案资源主要有的特点包括：①信息组织形式从顺序的、线性的方式转变为非线性的网络组织方式；②信息存储形式从单一介质走向多媒体，使信息的存储、传递和查询更加全面方便；③信息的传播与利用主要是通过互联网进行的。随着网络技术的进步，传统的开发利用模式向网络化、数字化的信息资源开发模式转变，给档案资源管理的网络化建设提供了基础。档案部门充分利用网络灵活、迅速、便捷、高效的特点，加强档案信息的网络化建设。

目前，全国大多数省份都建立了档案信息网站。网络中有专门供档案专业人员和利用者进行交流的空间，如档案专业协会、讨论组、档案论坛、博客等。档案工作者、档案学专家、档案利用者可以就某一问题在网上即时交流观点，展开讨论，实现信息交流。利用电子邮件，档案部门向利用者提供参考咨询、开展定题服务、传送检索结果和目录文件等，为利用者提供复制件乃至在技术许可的条件下提供档案证明，并随时接受反馈信息。网络中各种档案机构一般都清楚地列出本机构的电子邮件地址，鼓励利用者多提意见和建议。档案机构还通过网络发行本机构的电子刊物，将馆藏档案信息和档案宣传信息发送到特定利用者的邮箱内。利用者可以随时自主地订阅，以定期获取最新的档案信息。这些网络交流手段在世界范围内敞开了档案工作者之间、档案工作者与利用者之间交流的大门。

第二，计算机技术的影响。计算机是档案管理现代化的物质基础和技术手段，它具有高效率的信息化处理能力，通过它的高速度的读入、存储和输出数据，能进行逻辑推理和判断，因而在档案的开发利用中有着广泛的应用。

信息存储容量增大。计算机系统由硬件、软件两部分组成，其中计算机系统的实际装置是计算机系统的基础和核心，一般由主机、存储设备、输入输出设备等组成。软件是计算机上可运行的全部程序的总称，包括操作系统、编译程序、文字处理系统、数据库管理系统、网络软件以及其他各种软件等。其中数据库系统有着非常重要的作用。数据库系统是一种能把数据间各种联系有机结合，进行统一合理管理的系统。它由三部分组成，即数据库、数据库管理系统和数据库管理员。计算机由于其具有海量的存储空间，因而解决了传统纸质档案占空间位置的难题。

文档扫描录入加快。档案的来源很广，种类繁多，形式也非常多，其数据库的采集方式也就不一样，做起这项工作来显得相当烦琐，而采用计算机进行处理，就显得轻松自如。计算机可以对任意来源、任意形式、采集的任意数据进行加工管理，实现数据的有效性。从目前的使用情况看，大多数的档案数据是利用普通输入设备，如键盘的输入法、图文扫描仪、通信传输等技术作为数据采集的工具，并对信息进行加工整理。

档案工作现代化的一个目标是实现档案的数字化管理，建立档案的全文数据库。将纸质档案转换成数字档案有两种途径：①通过扫描，将档案以数字图像形式存储和显示；②通过文档一体化，将档案内容以虚拟的数字化形式即电子文件形式存档，建立档案的全文数据库。这两种方式对一般的利用者来说，可以使他们不看档案原件就能解决诸如时间、地点、文号、标题等的查询需求。特别是档案全文数据库，对于有研究、出版需求的利用者来说，可以非常方便地复制，然后在计算机上编辑，极大地提高了工作效率。

（4）档案开发利用对经济社会发展的影响力。

第一，档案资源对经济社会发展的贡献力。档案资源在政治、经济、社会、科技、文化诸多领域对国家经济社会发展具有如下独特的贡献力：

档案资源可以证明历史和文化。档案可以证明一个民族的历史和文化，一个国家的主权、领土和各种利益，这对于一个民族历史文明的延续、一个主权国家利益的维护是十分重要的。

档案资源内容之丰富、信息量之巨大是其他文献资料无法比拟的，它较完整地反映了事物的发展、演变过程，以及事物的源流本末与具体细节，能全面、系统地反映历史的全貌，这是档案信息的特殊价值。我们生活在信息社会中，档案资源是人类文明发展的产物，并随着人类文明的进步而不断丰富与发展，它承担着记录与流传人类社会经验与知识的历史使命，人类文明进步到什么程度，档案资源就会相伴共生、丰富发展到什么程度。可以说，档案资源是国家的基础资源，是信息资源的重要组成部分，具有不可估量的社会经济价值。

档案资源可以参与和拉动经济发展。一是作为管理要素参与管理活动，可有效提高经济管理、生产管理的水平，如通过利用档案而降低技术开发、生产设计、生产过程的成本，引导物流、资金流和人力资源的合理流动；二是作为生产要素进入非物质生产的产品化和产业化的过程，获取经济收益。

档案资源可以对社会进步发挥推动和保障作用。文件、档案等政府信息的公开可以提高决策的科学化和透明化，为公众参与国家和社会的民主管理提供条件；档案资源的科学管理和合理利用有利于促进社会走向法制与诚信；档案在维护社会组织和公民个人的权益、保障社会公正与和谐发展方面有不可替代的重要作用。

档案资源可以促进科技创新和文化繁荣。档案的知识属性使之成为知识创新和科技创新的必要条件；档案的文化属性使之可以满足人们查证历史、寻根溯源、了解社会活动真实面貌等方面的文化需求；档案资源在传承民族文化和地域文化、弘扬民族精神、保持世界文化多样性方面具有重要的作用。

第二，档案开发利用对经济社会发展的影响。衡量人类社会是否在正常运行与顺利发展的重要标志之一，在于是否拥有并善于利用档案资源，这已经成为制约其竞争力的重要因素。这些档案资源只有开发利用起来，才能促进经济的增长和国家职能的转变，才能满足人民的物质文化需求，发挥它们应有的价值。

档案资源开发利用能够提高经济效益，促进经济社会又好又快发展。众所周知，档案是各行各业生产建设活动的记录，能够为经济建设提供有价值的决策和参考信息，尤其是科技档案资源的开发，更能为经济的发展创造价值。档案资源开发利用的价值在企业中表现更为突出。

档案对企业权益或资产归属的权威性证明，可以使企业避免不应有的经济损失。通过借鉴参考档案，可以降低资源的消耗，加速技术进步，提高经济效益，大力促进现代企业的可持续发展。

开发利用档案资源，能够实现企业科技进步，推动生产力发展。科技活动是一种继承性很强的工作，特别是在企业里设备进行更新、生产工艺进行改进、工程设计进行修改等，都是在原科技成果的基础上进行研究和改进，所以都离不开档案。因此，开发利用档案资源，可以帮助企业科技人员继承前人劳动成果，避免许多不必要的重复劳动，加速科技进步进程，推动生产力发展。

开发利用档案资源，还有利于促进企业进一步对外开放，加强国际交流。中外企业之间交流合作日益增多，相互对档案的需求也在相对加大。这就要求我们尽快开发利用档案资源，以满足对外开放和交流的需要。

（五）档案开发利用的主要内容

1. 根据需要，开发档案编研成品

档案编研是档案工作一项重要的业务环节，也是档案深度开发的一种有效方式。档案编研成品，就是档案部门根据需要开发档案信息而形成的系统的、类型和结构不同的二次或三次档案信息成果。

档案编研成品的开发要遵循着一定的原则，必须严格经过选题、拟制编研方案、收全选准材料、加工与编排、审校与批准等一系列程序，以控制档案信息，提高档案信息质量，这需要具有较高的专业技术水平。现在档案编研成品的开发更多借助于多媒体技术来进行，采取文字、声音、影像、图片等多种形式并用，使得编研成品能够达到较强的感官冲击，吸引更多的利用者，收到良好的艺术效果。

2. 检索信息，开发档案检索系统

信息检索是信息服务的一种重要手段。为使用户更加方便快捷地获取所需要档案信息，就应为其提供方便的检索工具和方法，所以功能强大的档案检索系统成为当前档案信息开发的主要对象之一。如信息导航功能的开发，信息导航依附于强大的专业化的数据库信息基础之上，提供网络查询，以及各种各样的进馆查询，使用户能够清楚地知道自己所在的位置和回归已访问的信息网页。

3. 围绕档案信息，展开档案利用服务

档案利用服务①是指各级各地档案部门根据利用者的需求，通过对其所保管的或可获取的档案文献资料信息进行分析整理后提供相关的信息给利用者利用的过程。这种服务是由并且只能由各地各级档案部门提供，服务的内容也是围绕档案的相关信息展开的，信息具有独一无二的特点，而且真实性不容置疑。

档案利用服务与档案信息服务这两个概念内涵一致，角度略有不同。档案利用服务多是从服务的对象角度来讲，强调服务的对象是档案利用者（或称档案用户）；档案信息服务这一概念是从服务的内容角度来讲，强调提供的服务内容是档案信息。

档案利用服务的主体是档案部门及档案人员，档案利用服务的对象是档案信息的所有利用者，档案利用服务的内容不仅包括一般的档案信息，而且包括档案检索服务、档案编研成品的服务等，这是建立在档案开发基础之上的。

对于档案利用服务主体而言，面对档案信息服务网络化、数字化的发展趋势，档案信息服务人员不仅需要较高的信息处理能力、较强的业务能力，而且要强化主动服务意识，以满足用户需求为目标，加强与用户沟通，做好信息服务工作。

对于档案利用服务的对象——档案用户，档案部门可通过多种形式的教育培训、宣传等工作，增强他们的档案意识；通过档案用户信息管理，全面掌握用户的信息和需求信息，以便了解档案用户，从而优化和完善以用户需求为导向的档案信息服务措施。

---

① 档案利用服务又称为档案信息服务。

在整个档案利用服务体系中，服务过程是档案信息服务体系结构中的重中之重，服务过程的质量和效率直接影响整个服务的最终效果，档案信息服务过程的优化将直接决定档案馆信息服务的状况和效益。档案信息服务过程管理包括档案信息服务质量管理、档案信息服务创新管理与档案信息服务效益管理。为做好档案信息服务质量管理，应坚持用户至上、员工参与和接受教育三个基本原则，以便在对过程和系统进行持续改进和创新的过程中统一目标。为实现档案信息服务创新管理，档案部门应该对内部发挥创造力的促进因素和阻碍因素进行深入分析和研究，鼓励每一位工作人员都能够充分发挥自己的聪明才智和创造力。档案信息服务效益管理主要是指为使档案信息服务取得最佳的社会效益和经济效益，对系统中的服务对象、服务者、服务内容和服务方式以及手段等要素进行最佳匹配和协调管理。

可见，档案开发利用是对档案所承载的信息资源加工、输出、接收与运用的过程，以实现档案信息对国家、社会组织及个人的有用性，从而实现其对经济社会发展的推动作用，创造更多的经济和社会效益。

二、档案资源的开发

档案资源开发，是档案工作中最具活力的环节。档案界应当加强信息意识、责任意识、利用意识和服务意识，大力挖掘档案中蕴藏的丰富信息，为社会文化繁荣发展，提供切实有效的服务。

（一）档案资源开发的意义

档案资源开发不论是对社会、对档案部门，还是对文化建设都具有极其重要的意义。

对社会来说，开发档案资源是实现档案价值的最好渠道。档案资源对社会综合贡献力是多方面的，通常把档案的作用归纳为以下几方面：行政管理的查考凭据、生产建设的参考依据、科学研究的可靠资料、宣传教育的生动素材及维护权益的法律书证。无论如何，档案资源的价值，需要对其进行有效的开发才能实现，否则，档案资源就有可能被闲置和浪费。

对档案部门来说，通过开发档案资源，可以进一步完善我国档案资源的整体结构，整合各类档案资源。一方面，能够增强档案部门的信息供给能力，丰富和优化档案馆藏建设；另一方面，档案信息在社会上所起的作用，能使全社会正确认识档案资源对社会发展的功能，正确认识档案资源对经济建设的积极意义，为档案事业创新发展创造良好的社会环境。

（二）档案资源开发的原则

档案资源开发的原则是档案资源开发活动所依据的准则，也是档案资源开发的基本要求，它是成功进行档案资源开发的保障。档案资源开发包括诸多要求，如需求原则、方向性原则、效益原则、协作原则、品牌原则等，这些原则从不同维度揭示了档案资源开发应达到的标准，都是档案资源开发不可或缺的要求。

1. 需求原则

档案资源开发是将馆藏静态的档案信息转化为动态的档案信息，主动地提供社会利用的过程。因此，档案资源开发只有从社会需要出发，贴近实际，才能开发出具有实际价值的成果，有效地为经济发展、社会文化建设服务，满足社会各界及人民群众的需要，这样才能使开发成果得到社会的普遍认可，实现档案资源开发的目的。

因此，需求导向是档案资源开发遵循的原则。从以往的档案资源开发活动的经验来看，忽视用户需求，闭门造车，其开发结果都是不成功的。如有的档案部门用了较大成本，花费了很长时间，为应付档案升级检查而突击搞了一些编研材料，检查后往往束之高阁，几乎无人问津，开发成果的效益没有得到充分发挥，开发者的积极性受到不同程度的影响。这是没有根据社会需求，定位不准，盲目开发而造成了效率低下，使有些成果处于闲置和浪费状态的教训。加强档案资源开发的针对性，就是要了解党和国家的中心工作，了解经济、文化、科学研究、社会等各方面的需要，合理确定开发目标和项目。

2. 方向性原则

方向性原则包括两层含义：①确定题目时要考虑档案资源开发的目的，必须具有明确的方向和目标；②档案资源开发选题方向要与社会经济发展和文化建设总目标相一致，要与党和国家的方针、政策及法律法规相一致。档案资源开发是档案事业的重要构成，在设计开发项目时，必须为社会经济、政治、民生和文化建设发展服务，为繁荣社会主义的科学文化事业服务。

档案资源开发的历史表明，档案资源开发总是在一定时代政治和文化背景下为特定国家权力控制的行动，档案资源开发具有显著的时代特征和政治倾向。时代不同，档案资源开发的目的不同，需要着重阐明和研究开发的方向。当前，促进社会主义物质文明、政治文明、精神文明、生态文明和社会文化建设的协调发展，成为档案资源开发的总方向。在这一框架下，档案资源开发朝着多元化方向发展，反映社会政治、经济、科学、文化、外交等方面的项目无所不有，反映历史人物、事件、专题等方面的项目无所不包。

档案资源开发遵循方向性标准：①有较强的政策法规观念，提高政治敏锐性和思想性；②正确把握社会效益与经济效益的关系，将社会效益放在首位，实现社会效益与经济效益相结合；③增强时代责任感，坚持与时俱进，与时代同步，并保持档案资源开发方向的相对稳定性。在当前来说，就是要围绕坚持以人为本，实践"一带一路"的需要来开发，树立全面、协调、可持续的发展观，促进经济社会和人的全面发展。面对新时期社会需求的多元化趋势，始终将档案资源开发的重点放在构建社会主义和谐社会上，及时开发出社会经济建设和文化发展各方面所需求的档案信息。

3. 效益原则

效益是指投入与产出之比。投入一定，产出越大则效益越高。档案资源开发只有讲求效益，才能实现可持续发展。效益原则的要求包括：

（1）现实效益和长远效益相统一。开发的成果既要满足当前社会各方面的需要，又要符合档案信息未来价值的发挥，保障社会对档案信息长远利用的需求，为社会积累系统的档案史料。

（2）局部效益和整体效益相协调。开发的成果不仅对本部门、本地区有价值，还要对国家、社会产生效益。要正确处理局部和整体的关系，保证整体利益，实现局部利益。

（3）社会效益和经济效益并重。要讲究开发成果的经济效益，提高开发成果的社会效益。开发成果在追求经济效益的同时，不能忽视社会效益。要采用先进的信息技术，利用新媒体平台，努力扩大开发成果的传播，不断提高开发成果的两个效益。

4. 协作原则

档案资源开发协作原则要求：①开发应符合整体规划，避免重复开发造成资源浪费；②在开发过程中应注意与其他相关部门加强协作，特别是业务性强的开发项目，要联合攻关，合理分工，共同受益；③协作开发可降低成本，缩短周期，提高水平，保证质量。基于体制上的原因，我国档案部门在档案资源开发方面主要采取"各自为战"的形式，辅以与社会其他单位合作开发的项目。面对信息共享的时代，这种局面必将有所改变，合作开发的理念也将日益深入。

加强档案资源开发运作机制的创新，突破传统的思维束缚，充分利用社会资源优势，实施开放式社会化开发的模式，提升档案资源开发的层次，增强服务效果。在合作主体上，不再是档案部门独家开发，而是与其他档案馆（室）或社会其他单位协作开发，优势互补，实现智力资源的科学整合。在开发客体上，不局限于本馆（室）所藏，也要吸纳其他档案馆（室）档案资源，还可考虑社会或个人的档案资源，使开发项目成为多主体、多资源的系统完整的协作成果，共同推动档案资源开发。

5. 品牌原则

档案资源开发的品牌原则是指按照既定的理念，将开发成果的定位加以规范和传达，使之在社会中享有较高的知名度和认同感，并将这种理念贯穿于档案资源开发的整体过程中，从而建立起品牌形象。档案资源开发品牌原则内涵丰富，既包括档案资源开发活动的影响力，也包括档案资源开发成果的影响力，还包括档案部门形象的影响力。遵循品牌性原则：①把握档案资源开发的准确定位；②通过有目的的整体设计，把开发成果创建成在社会上具有广泛影响力的知名品牌；③利用这一品牌所创造的影响，不断推进档案资源开发的深化发展。

档案资源开发确立品牌理念，通过品牌的导向效应，可以加快推进档案资源开发与信息社会的适应性，提升档案资源开发在社会上的整体知名度和影响力，为档案资源开发提供良好的环境和保障。品牌原则强调将档案资源开发的意识和行为由质量层面提升到品牌层面。增强品牌意识，才能与时俱进，才能跟上信息时代的步伐。品牌认同面越大，档案资源开发拓展的空间也就越大。因此，提高档案资源开发的整体水平，需要坚持品牌原则。这既是档案资源开发保持旺盛生命力的关键所在，也是保持档案资源开发持续发展的必然选择。

品牌与精品有一定的联系，但与精品又不完全等同。一般来说，档案资源开发只有出精品才能创品牌。精品是品牌的基础，只有在精品的基础上品牌才会产生。出精品是创品牌的第一步，只有每一次档案资源开发都出精品，才能建立起明确而有特色的定位和形象，其成果也才会赢得用户的普遍关注，得到用户的广泛认同，才会逐渐拥有一定的用户群。档案资源开发也只有不断生产精品，才能最终创出特有的品牌。

品牌强调的是特色。特色是品牌的标志，也是打造品牌的核心。在当下多元化的时代，每个开发项目都需要从某种特色入手，最终把这种特色发展成品牌。实际上，不论何种层次的档案资源开发都必须强调类型的多元化，因为档案信息用户群的需要是多元的，社会实践也需要多元的开发成果。不同类别、不同层次的档案资源开发丰富多彩，而非单一化。只有培育真正以特色取胜的成果品牌，才能够满足社会对档案信息的多元化需求。档案资源开发特色突出，其整体水平高，被社会认同感越强，利用价值就越大。

科学把握品牌原则，需要从理论上深刻认识档案资源开发的品牌现象，品牌的核心表现为价值，档案资源开发应将价值观放在首位。品牌是档案资源开发理念、定位、特色和整体形象的高度抽象和概括，是一笔宝贵的无形资产。坚持品牌原则，选择定位准确和特色鲜明的项目，其成果就能产生强烈的社会影响。档案部门持续开发出有影响力的项目，其核心竞争力必然日益提升。

（三）档案资源开发的构成内容

根据档案资源开发的性质，档案资源开发由档案编研、档案利用、档案开放和档案公布四方面构成。

1. 档案资源开发的档案编研

档案编研是档案部门根据馆（室）藏档案和社会需求，在研究档案内容的基础上，编写参考资料、汇编档案文件、参与编史修志、撰写论文专著的专门工作。档案编研将档案信息通过加工以一定的成果形式提供给社会，满足社会对档案信息的利用需求，是主动服务的重要方式，从本质上属于档案资源开发活动。其类型分为整理档案原文的史料汇编，根据档案信息撰写的参考资料，利用档案进行科学研究。

2. 档案资源开发的档案利用

档案利用是指为研究或解决问题而使用档案。国家机关、社会组织和公民为解决某一个具体问题，使用档案馆或档案室保存的档案，就是档案利用。

档案利用包括三层面的含义：①档案提供利用工作，它是档案馆或档案室为满足档案利用需要向利用者提供档案的过程，是保障档案利用实现的措施和手段；②相关规则中有专指对档案的阅览、复制和摘录；③利用者将档案用于某方面，或研究，或解决具体问题。

档案利用的范围：①档案馆已经开放的档案；②档案馆未开放的档案；③机关、团体、企事业单位和其他组织档案室保存的档案。

3. 档案资源开发的档案开放

档案开放，是根据经济建设和社会发展的需要，按照档案法律的规定，将各级国家档案馆保管的已满一定保管期限的档案解除限制，向社会公开，供全社会利用。档案开放有如下特点：

（1）档案开放的主体是各级国家档案馆，我国档案馆类型多样，只有各级国家档案馆[①]才承担向社会开放档案的职责。机关、团体、企事业单位和其他组织内的档案保管机

---

　①　各级国家档案馆是指负责接收和保管档案的中央、省、市、县级国家综合档案馆和专门档案馆。

构，如档案室、档案信息中心等，保存的档案形成时间较近，现实性和保密性强，主要为本单位内部使用，不属于到期应当开放档案的范围，也不承担向社会开放档案的任务。

（2）档案开放的期限是实行定期开放的原则。它包括三个方面内容：

第一，一般档案以 30 年为时限，档案自形成之日起满 30 年即向社会开放。

第二，档案记载的内容不同，其开放时限也有区别。经济、科学、技术、文化等类档案向社会开放的期限可以少于 30 年；涉及国家安全或者重大利益以及其他到期不宜开放的档案向社会开放的期限可以多于 30 年。

第三，档案开放在定期开放原则的基础上，采用分期分批向社会开放的方法。各级国家档案馆所保存的档案，属于到期应当向社会开放的档案数量很大，限于人力、物力，短时间难以完成档案开放所需的全部各项基础性工作，采用分期分批开放档案的方法，可以使各级国家档案馆在保证档案安全前提下稳妥地做好档案开放工作。

（3）档案开放的范围是向社会全面开放。向社会开放是指把档案的广泛使用权不再局限于某些特定机关和个人的狭小范围，而应面向社会。全面开放是指不仅要开放中华人民共和国成立前的历史档案，而且中华人民共和国成立后的档案，自形成起满 30 年者，也要分期分批开放，同时公布开放档案的目录。实行档案向社会开放以后，不仅党政机关处理政务可以利用档案，而且企事业单位和其他组织以及公民都可以利用开放的档案，外国组织和个人也可以根据有关规定，直接到各级国家档案馆阅览、复制、摘录或以函、电等方式利用已开放的档案。

4. 档案资源开发的档案公布

档案公布是指由国家授权的档案馆或者有关机关以及档案所有者，依法通过一定的形式将可以向社会开放的档案的全部或者部分原文，或者档案记载的特定内容，首次向社会公开发表的行为。

档案公布的主体是档案所有者。档案公布权来源于档案所有权，谁拥有档案的所有权，谁就有档案公布权。我国档案所有权为国家所有权和非国家所有权两部分，档案公布权也分两种。属于国家所有的档案，公布权属于国家；属于集体和个人所有的档案，公布权属于档案所有者。

档案公布的形式是法定的形式。哪些形式属于档案公布行为，哪些形式不属于档案公布行为，由档案行政法规明确规定；没有明确规定的形式，一般不属于档案公布的形式。我国法定的档案公布形式有：通过报纸、刊物、图书、声像、电子等出版物发表；通过电台、电视台播放；通过公众计算机信息网络传播；在公开场合宣读、播放；出版发行档案史料、资料的全文或者摘录汇编；公开出售、散发或者张贴档案复制件；展览、公开陈列档案或者其复制件。凡符合以上条件公布档案，都属于公布档案的行为。超出法定形式以外的使用档案的形式，如利用者在其著作中引用所查阅档案的内容，就不构成档案公布行为。

档案公布的内容是特定的，并且是首次公布。其内容包括：①首次公布档案全部原文；②首次公布档案部分原文；③首次公布档案记载的特定内容。凡符合上述内容的任何一种，都构成档案公布行为。

档案公布与档案开放是两个相互联系而又有区别的概念。档案开放是指将原来处于封闭状态的档案向社会公开供社会利用。它的实质是将过去控制在一定范围内使用的档案转变为供整个社会利用。档案公布的实质是通过一定的方式诸如印刷、广播、电视、网络等将档案内容公开发布。凡是开放的档案就可以利用，但不是任何人都可以随意公布，而公布的档案既可以是开放的档案，也可以是未开放的档案。凡是公布出去的未开放的档案，自然就转化成开放的档案，比如国家根据形势任务需要，公布一些没有期满30年的档案，虽然这些档案没有达到开放期限，但国家把它公布后，利用者知道了档案的内容，实质上已将其解除了秘密，转化为社会都可以利用的档案，它同开放的档案没有根本区别。另外，从档案开放和公布的客观对象档案本身价值来看，开放的档案不一定都具有公布价值，不一定都需要进行公布，公布的档案仅是其中有重要价值的部分。

（四）档案资源开发对文化建设的贡献

1. 文化传承

档案是历史的真实记忆，是不可再生的资源。最大限度地发挥档案的作用，造福于社会，同时保护好档案原件，使之完好地传之后世，是档案工作义不容辞的责任。加强对档案资源的保护与传承，这不仅是发展档案事业的大计，也是社会文化建设的必然要求，更是继承前人文明成果、惠及子孙万代的千秋伟业。档案资源是人类文明的重要构成。

人类在漫长的生产、生活实践中创造的档案文化遗产，反映了人类文化的多样性和丰富性，是人类历史进程最直接的见证，也是珍贵的社会记忆。开发档案资源对于保护传承档案资源，传承人类文化遗产，构建和谐的人类文化生态，促进社会文化繁荣与发展，都具有十分重要的意义。

2. 文化教育

档案的文化教育功能是其他文献无法替代的，它集中展现了各个历史阶段重大历史事

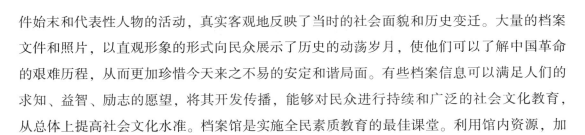

件始末和代表性人物的活动，真实客观地反映了当时的社会面貌和历史变迁。大量的档案文件和照片，以直观形象的形式向民众展示了历史的动荡岁月，使他们可以了解中国革命的艰难历程，从而更加珍惜今天来之不易的安定和谐局面。有些档案信息可以满足人们的求知、益智、励志的愿望，将其开发传播，能够对民众进行持续和广泛的社会文化教育，从总体上提高社会文化水准。档案馆是实施全民素质教育的最佳课堂。利用馆内资源，加强与相关部门合作，开展形式多样的教育活动，可以使爱国主义教育基地发挥更大作用。

3. 文化传播

以社会需求为导向，大力挖掘档案的文化价值，对档案内容进行系统整理和研究，实施深度开发。举办有影响、高质量的档案展览，开发有价值、高品位的档案文化产品，向社会广泛传播，使其在社会经济、文化建设中发挥应有的作用。从传播路径，基于现代科学技术，充分利用平面媒体和新媒介——报纸、期刊、书籍、广播、影视、网络、移动通信等进行传播。

4. 文化交流

通过档案资源开发成果对外交流，既可以增进我国档案界对国际档案界发展情况的了解，汲取各国先进理念和成功经验，也可以向世界传播我国悠久灿烂的档案文化、自成特色的档案管理机构体系、档案馆工作的建设成就和研究成果，增强国际档案界对我国的认同，扩大国际影响，使我国由档案大国变成档案强国。对外文化交流的渠道多样，如信息交流、资料交流、举办学术会议、项目合作、联合办展、联合编研等。

5. 文化服务

从档案信息利用与社会服务方面来看，档案馆（室）是档案利用中心，提供档案满足社会各方面利用的需求；而且也是政府信息查阅中心，承担着集中政府公开信息供公民查阅的任务。

6. 文化建构

从文化视角，档案资源开发本身就是一种文化现象。社会文化是一个生态系统，档案活动归属于人类文化活动范畴。档案资源开发的文化传承、文化服务、文化传播、文化教育、文化交流的功能，实际上就是一种对社会文化的建构。档案在经济建设、社会发展中地位的变化，给人们带来的视野是：档案馆（室）不再仅仅局限于档案资源的集中存藏和保护，而是更注重对档案资源的开发利用，通过创造性的开发活动，将档案文化纳入社会传播轨道，对社会文化进行积极的建构，推动社会的进步与文明的发展。当然，档案文化建构与社会文化发展的互动过程，也是档案部门不断自我调适的过程。随着档案文化功能的完善，档案资源开发也将获得可持续发展的动力。

（五）档案资源开发的程序与途径

1. 档案资源开发的一般程序

档案资源开发种类多样，各种开发形式的程序也有一定的区别，这里主要对档案资源进行深加工的一般程序予以说明。

（1）选定开发项目。档案资源开发，要选择开发的方向和目标，确定开发活动的具体任务，这就是开发项目的选定，也称选题工作。选题是指从众多显现的和潜在的题目中，明确本次档案资源开发所要完成的具体课题。开发选题是一个复杂的调查、思考、论证、决策、研究、策划的过程，题目确定得成功与否，关系到开发工作的成败。因此，高度重视选题工作，是档案资源开发的首要环节。

为保证选题的准确，前期调查是基础。前期调查首先是对社会实践需要的调查。向社会进行调查，掌握社会宏观形势、发展重点和信息政策；向相关部门的专家进行调查，掌握信息动态；向档案利用者进行调查，掌握利用需求的热点。对档案资源的调查，摸清家底，掌握档案藏量和内容；向文献和图书部门调查，掌握有关图书文献状况。总之，经过前期调查，获取与选题有关的信息，为选定具体题目做好学术和资源等方面的准备。

在调查的基础上，进行实际的选题。一般地说，开发项目的提出有两种：①决策部门或决策者根据需要向档案部门下达或建议开发的题目；②由开发者本身提出的题目。对于前者，需要认真研究档案资源是否能够支撑，后者则需要对社会需要进行重点研究。

严格论证是保证开发项目准确的重要保障环节。对题目论证的内容有：题目价值和意义，用户类型和范围，档案信息的价值、数量和结构，开发的力量，出版形式，成果类型等。

题目论证后需要做的具体工作是：拟订开发方案和计划，明确题目总体开发思路、成果形式、人员分工及时间安排。

（2）档案信息的采辑、研读和选择。档案信息的采辑，是对有关题目的档案及其文献资料进行查找、集中和辑录。采辑遵循全面查找、宁多勿漏、博约得当的原则，通过各种途径将项目分散的档案信息集中在一起，为研读和选择做准备。

档案信息的研读，是对采辑到的每一份档案，认真阅读，深刻理解，对档案信息从可据性和价值方面进行研究。研读要正确理解档案原文原意，实事求是地做出符合客观的解释。

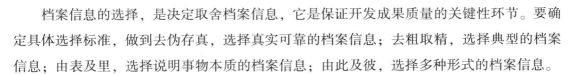

档案信息的选择，是决定取舍档案信息，它是保证开发成果质量的关键性环节。要确定具体选择标准，做到去伪存真，选择真实可靠的档案信息；去粗取精，选择典型的档案信息；由表及里，选择说明事物本质的档案信息；由此及彼，选择多种形式的档案信息。

（3）档案信息的加工编辑。档案信息的加工编辑，是对选择的档案信息进行必要的技术处理，编辑开发成果的正文，撰写开发成果的辅文，形成开发成果的底稿。

档案信息加工原则是忠于原文，按照存真、求实、慎改、标注的要求，对档案原文进行转录、点校，向用户提供真实、可靠、准确的档案信息原文内容。

加工后的档案要按一定体例进行编排，各种开发成果均有相应的体例要求。保持档案信息的内在联系，遵循逻辑规则，将档案信息组成一个有机的整体，是档案信息编排要完成的任务。

编写辅文是指对开发成果的序言、按语、注释、题解、跋文、编辑说明、备考、插图、年表、目录、索引等的编写。目的是使用户方便利用档案信息。

（4）审校传播和信息反馈。开发成果底稿形成后，对其进行全面通审是十分必要的，这是保证成果质量的最后关口。通审包括编者自审和主编总纂两方面。

根据档案信息的编辑水平、价值程度、读者对象来选择传播形式。公开传播是面向国内外公开发行，内部传播是限制在一定范围内发行，馆际传播是档案馆之间发行。

档案信息成果传播、装帧设计解决开发成果的形态和形式、校样校对对于维护档案信息真实性具有特殊意义。宣传发行是实现开发成果价值的重要途径，收集社会对开发成果的反馈信息，有利于促进开发工作深入开展。

2. 档案资源开发的多维途径

档案资源开发的途径，是指有哪些渠道对档案资源进行开发。换言之，即档案资源通过哪些渠道传递和输出。从不同维度，档案资源开发的途径也不尽相同。

（1）基于档案资源开发性质维度。

第一，公益性开发。公益性开发是指开发非营利性的和具有社会效益性的项目。其特点表现为服务面广，社会效益突出，影响深远等。如档案馆为服务民生而建立的民生档案数据中心，实现民生档案资源跨地区、跨部门共享。以档案查询窗口、政府公开信息查阅场所和档案网站为载体，采取咨询、函电查询、在线查阅、举办展览等多种形式开展服务。

第二，商业性开发。商业性开发是指开发营利性的和具有经济效益性的项目，既满足用户需要，又给开发者带来一定的收益。

（2）基于档案资源开发主体维度。

第一，综合档案馆的开发。综合档案馆不仅是档案安全保管基地、电子文件中心，也是爱国主义教育基地、档案利用中心和政府公开信息查阅中心。我国各级综合档案馆档案资源藏量丰富，是档案资源开发的主渠道。

第二，专业档案馆的开发。专业档案馆包括专门部门档案馆和专门档案馆，前者如外交部档案馆、航空航天档案馆等，后者如城建档案馆、企业档案馆等。专业档案馆收藏某一专门领域的档案资源，与综合档案馆相比，或档案资源内容，或档案资源载体，均有所不同，其开发特色明显。

第三，档案室的开发。档案室所藏是本机关或企事业单位的档案资源，档案资源开发主要为领导决策、管理工作、生产建设、科研创新服务。其特点表现为对象的相对单一性、成果的实用性、使用范围的指向性和内容的专业性等方面。

第四，文化部门、研究单位的开发。根据相关规定，档案馆与上述单位应当在档案的利用方面互相协作，相互交换重复件、复制件或者目录，联合举办展览，共同编辑出版有关史料或者进行史料研究。

第五，个人对档案的开发。指专家学者、公民等个人对档案资源的开发。开发的对象多为民间档案收藏。

（3）基于档案资源开发客体维度。

第一，历史档案的开发。我国历史档案资源丰富，真实地记录了古代、近代及现当代政权、政党、企事业单位、社团等社会组织和个人的历史活动，是珍贵的文化资源。根据社会需要，深入开发历史档案资源，在历史传承、文化创新中具有不可替代的重要地位。

第二，现行文件的开发。现行文件是相对于历史文件而言的：凡是具有现行价值、正在使用的文件，都属于现行文件；凡是失去现行效用而保存备查的文件，是历史文件。开发现行文件既有利于工作查考，提高管理人员政策水平，也有利于对社会进行广泛的宣传教育，保障公民的信息权利。

第三，科技档案的开发。科技档案种类多样、专业性强、成套性突出，是科技活动的原始凭证。组织和开发科技档案信息，在更大范围内实现科技档案信息的社会共享，能够为科技生产活动提供技术条件，为组织管理工作提供信息依据，也有利于科技信息的交流和推广。

第四，专门档案的开发。专门档案是指专门领域产生形成的及特殊载体的各种档案的总称。前者如人事档案、会计档案、诉讼档案、教学档案、艺术档案等，后者如声音档

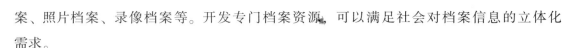

案、照片档案、录像档案等。开发专门档案资源，可以满足社会对档案信息的立体化需求。

第五，口述历史档案的开发。作为多元化社会记忆的构成，开发口述历史档案资源具有抢救性质。随着时代的变迁，历史的亲历者逐渐老去，为社会留下他们的记忆迫在眉睫。

第六，家庭档案的开发。家庭档案来源由两部分构成：①家庭成员形成的档案；②家庭通过合法途径收藏的档案。家庭是社会的细胞。开发家庭个人形成的日记、书信、票据、照片、录音、录像、经济收支账、医疗保健等材料，在反映家庭活动的同时，也反映着社会生活的变迁。

第七，数字档案资源的开发。数字档案资源是随着信息技术发展而生成的一种新的档案资源形态。现代信息技术环境下，档案的载体方式发生了改变，纸质档案逐步由电子档案、数字化档案所替代。数字档案不仅表现为开发客体的改变，在开发技术、程序方面以及用户对档案信息的检索利用方式上，都带来了深刻的变革。

（4）基于档案资源开发组织方式维度。

第一，独立开发。指档案部门或其他主体自己对某类档案资源进行开发。

第二，合作开发。档案部门与其他机构联合进行档案资源开发的组织方式。合作开发的形式多样，可以跨机构合作、跨地区合作，还可以跨资源合作，或跨国家合作。

第三，委托开发。指将专业性强又急需开发的项目委托给相关专业部门进行开发。

（5）基于档案资源开发成果的传播渠道维度。

第一，图书。档案史料丛编、丛刊、汇编、选编，人物文献的全集、选集等，都是以图书形式的开发成果。

第二，报刊。报纸如《中国档案报》，期刊如《历史档案》《民国档案》等。

第三，电台、电视台。如北京市档案馆与北京电视台开设《档案》栏目，由周播变为日播，受到越来越多的人喜爱。

第四，网络。档案网站是由档案馆（室）在公共信息网络上建立的站点，它以主页的方式提供档案信息服务，构成公共信息服务网络的一个节点。目前，我国在国际互联网上开通的档案网站有两百多个，初步形成档案资源开发利用的网络窗口。

第五，移动通信。档案部门利用手机等移动通信设备，通过微博、微信等方式形成利用的窗口，及时迅速传播档案资源开发成果。

（6）基于档案资源开发加工方式维度。

第一，传统型开发。主要是档案部门设置阅览室，对前来查阅档案者，以调卷查找、提供档案原件或复制件方式进行服务。也有的实行开放档案的开架阅览，设立档案宣传栏、展览室等。

第二，智能型开发。是指档案部门针对社会各方面的需要，将所藏档案资源经过加工整理后，提炼出浓缩性强并且有针对性的档案信息成果。对档案资源进行一次加工、二次加工、三次加工后而形成的各种档案信息产品，都是这类深层次开发的形式。

第三，转换型开发。这种形式是档案信息制成数据库等现代信息技术产品。

第二节　医院档案资源开发的价值体现

第一，创新档案工作。对医院档案的开发，可以让医院档案工作从传统模式走向开放，这也是新时期医院的发展需求。长时间以来，医院档案工作一直都在整个医院的管理工作中没有存在感。医院档案工作要想创新，就需要对当前的现状进行改善，要将档案信息的收集、整理保管发展成利用，加强档案资源的开发工作。

第二，社会发展需求。对医院档案信息进行开发，是医院与社会对档案工作的实际需求。医院对于社会而言是一个十分关键的机构，所以医院档案也是一种不可替代的资源，蕴含了十分丰富的信息。在社会进步、发展之下，社会与医院对信息资源需求量逐渐增多，经过对医院档案的开发，能让档案管理工作为医院与市场发展做出贡献。

第三，有利于提升医院工作水平。经过开发医院档案资源，可以有效提升医院档案室业务水平，加强管理人员综合能力。为了做好档案资源管理工作，管理人员要做好自己职责范围内的工作，为档案资源开发与利用打好坚实的基础。所以，开发医院档案资源，可以在实践中发现档案构成与管理中的问题，使档案管理人员积累更多的经验，从而有效提升人员综合素质，加强档案管理水平。

第三节　医院档案资源利用的有效策略

医院档案资源利用，主要是及时地为档案用户或者是社会机构提供档案信息，档案利用是档案工作基础与前提，是档案最大的一个功能与作用。对医院档案信息利用，是目前医院档案工作发展重要任务。在实际工作中，要采取以下措施来进行档案资源的利用：

一、医院档案工作深入发展要与社会同步

随着我国市场经济蓬勃发展，靠拨款根本不能满足和保证医院的生存和发展的情况下，只有靠不断深入发展来解决这一问题，要不断开拓服务领域、努力提高医疗水平和服务水平，来满足社会日益增长的服务需求。只有这样，医院才能在激烈的竞争环境中创造良好的经济效益。

在深入发展的进程中，医院的档案工作也必须适应新形势的需求，与医院以及社会的深入发展大局同步，不断进行创新，多层次、多渠道地开发和利用档案。只有这样才能充分发挥档案工作的重要作用，更好地为医院深入发展服务，使医院在卫生体制深入发展的浪潮中，能够获得社会效益和经济效益双赢效果。

二、优化档案资源结构

医院档案部门必须改进档案管理手段和方法，拓展归档范围，在面临诸多新问题的特定条件下，不断探寻新的发展规律，要加强存量档案资源建设，在加强档案的文件级别鉴定、著录的基础上，对所有"涉及人"的共享性档案资源进行数字化整合。要通过建立档案全文数据库来整合所有"涉及人"的共享性档案资源。

要通过加强档案资源建设的途径来整合所有"涉及人"的共享性档案资源。编制检索工具要做到科学、适用，切忌盲目追求数量；在编制检索工具、建立检索工具体系时，要立足能否满足利用者多角度查寻档案的需要。要利用先进技术与设备管理档案，提高档案信息的储备和检索速度，加强对档案工作现代化的研究，本着"实用与效能"的原则，选编具有较强针对性的检索工具，确定目标，统筹安排，逐步实施，加速医院档案信息资源由传统管理向现代化管理转变的进程，使原生态的档案资源由无序到有序。

建立档案专题数据库，整合室藏要素性信息资源，并通过建立统一的网络传输平台，

以适应医院以人为本、科学发展环境下对档案利用的需要。

以开放性信息资源开发利用为目标，建立档案部门与图书情报信息管理部门的合作机制，有可能缩短两者的差距，增进两者的合作，实现包括图书情报档案在内的医院信息化的统筹、协调、可持续发展。

三、加快医院档案信息化建设

在社会不断发展之下，医院开始注重医疗档案利用，为了能够提升档案资源的利用水平，医院要加快档案资源信息化建设，提升档案管理水平，实现医院电子病历与办公自动化目标。从目前的情况来看，医院的档案资源种类繁多，丰富的档案资源可以为医疗、科研以及教学等领域提供充足的资源信息，同时也可以为医院管理层的决策提供可靠的信息。

信息化时代，档案资源信息化在医院发展中起到了十分关键的作用，做好医院档案信息化建设，创新档案管理工作理念与方式，使用现代技术来收集、管理与开发档案信息，在此基础上科学合理地配置资源。通过这些方式的实施，为医院其他的工作提供高质量档案信息。

四、制定合理的医院档案管理制度

档案管理制度是档案信息开发的基础与前提，所以医院档案工作除了加快信息化建设、规范档案工作之外，还需要制定合理的管理制度。在目前的档案信息化建设工作中，管理标准与规范还有一些问题，这对医院档案信息化工作造成了一定影响。所以，医院要建设健全的管理制度，对医院档案管理体系进行优化，规范档案管理工作。在实际工作中，各个医院可以结合自身的真实情况，依据国家相关的法规制定与自身符合的档案管理制度，在此过程中要保障制度的合理性与可操作性。将制度作为档案工作的重要基础与依据，对医院各大科室的档案进行统一管理。并且对档案工作考核机制加以完善，让档案工作可以和医院业务共同考核与评价，实现统一发展目标。

五、健全医院档案资源

在科学技术的发展之下，档案工作中使用的现代化技术逐渐增多，这不但提高了档案信息储备量，也加强了档案管理工作质量和效率。使用信息技术的过程中，传统的纸质档案被电子档案代替，这让档案信息可以被大量储存，不像纸质档案那样占据空间位置与资源。同时也给医院档案的利用带来了良好条件，让档案利用有着更强的直观性和可操作性。长时间以来，档案管理中都对病历管理十分重视，但是却忽视了对文书档案的管理，这就致使医院文书档案管理相关制度不够规范。因为没有清晰的归档标准，医院文书档案收集缺乏相应完整性。在这种情况之下，需要对医院的档案藏室进行优化，提升档案资源完整性，为档案资源的利用打好坚实的基础。除此之外，医院档案还要开展集中管理，不但要保障信息化管理中设备的完整性，还要加强医院档案信息库建设，构建完善的规章制度，保障医院档案管理规范性，发挥医院档案资源作用，为档案资源利用提供优质条件。

六、增强档案资源服务功能

档案管理部门要树立主攻服务意识，了解需求，提供及时、可靠的服务，利用掌握大量信息资源的有利条件，为医院管理提供决策服务。充分利用医院档案特别是医学档案，是医院档案管理工作的目标和归宿。档案部门要合理开发与利用医院档案资源，为利用者提供科学、有序、便利的条件和优质服务，以此满足医院不断发展的需要。不断完善档案服务的新手段、新措施，为医院创造良好的社会效益和经济效益。医院档案部门要加强档案的接收和征集工作，扩大档案的接收范围和征集门类，力争建成档案数量充足、内容丰富、结构合理、质量优化并富有特色的档案信息资源体系。

第一，档案人员应具有良好的信息意识，增强开发档案资源的紧迫感，学习先进的档案管理技术。平日要加强与院内各部门的沟通联系，及时了解医院各项工作的需求和进展，汇集材料，为利用提供准确翔实的档案信息服务。

第二，认真做好编研选题，提供科学服务。编研材料应本着立足当前、着眼未来的原则，切合实际和发展需求，可采用如全宗介绍、专题汇编、文摘题要等多种形式。

第三，保证材料齐全完整，强化跟踪服务。对归档难度较大的科研类和基建类档案可采用跟踪服务的办法收集资料。

第四，转变模式，科学定位。逐步从"封闭型"向"开放型"、从"保管型"向"参与决策型"转变。做好档案、资料、情报信息的一体化服务，使医院的各种信息互相补充、互相叠加，构成医院信息的完整体系，实现档案资源的共享。

七、加强医院档案管理人员的综合素质

档案管理工作技术性较高，工作内容也十分复杂，因为人员编制和机构上的限制性，一些医院档案管理人员是办公人员兼职，档案业务水平较低，学习机会也比较少，没有经

过系统培训，这样就让管理人员专业能力无法符合档案工作的要求，同时也和社会发展趋势不契合，缺乏一定的创新。所以，医院在开发利用档案时，要把档案管理人员列入人才培养方案中，有效提升档案管理人员的素质与专业能力。

第一，对其进行专业培训与教育，让管理人员及时掌握最新知识，通过进修与学习提升档案人员业务水平，使管理人员的专业素质符合管理工作的实际需求。

第二，需要对临床展开调查工作，研究医疗、教学和科研等领域对档案信息的各种要求，进而积累档案资源，利用工作经验总结相关的方案，促使档案业务发展，提升档案管理水平。

档案资源开发与利用是医院发展的实际需求。对档案进行开发，能够提高医院档案管理工作水平，促使医院稳定发展。要想对医院档案资源进行合理利用，就要加快信息化建设，对管理制度进行规范，提升管理人员的综合素质，在根源上提升管理工作水平，充分发挥档案资源的最大作用。通过对档案资源的开发和使用，让医院的决策管理工作有可靠的依据，为医院的发展建设做出贡献。

八、深层次开发档案资源，更好地为医院发展建设服务

随着人们对档案的需求也愈来愈高，这就要求档案资料在原有基础上要有新的开发项目，以备工作的需要。为充分体现病人享有的知情权、选择权，医院开展病人选医生活动，在收集、整理相关档案资料后，将医务人员和有关的医疗信息透明化、公开化，直接面向患者，面向社会，让患者自由选择就诊医生和就诊环境。因此，档案工作是一个不断利用历史档案资源和不断收集新的档案资料的过程，我们应当勇于探索，不断进取，主动开发和利用档案资源，才能使档案资源为医疗工作、基本建设、经济效益和社会效益服务，为医院的深入发展服务。

第六章　现代医院档案资源开发利用的实践思考

第一节　病历档案资源开发利用体系的构建研究

随着社会各项事业的发展，医疗卫生科研等领域对病历档案的依赖度日渐增大，病历档案也成为病人病情追踪、科研教学、卫生管理、保险公司核保理赔、伤残鉴定、民事刑事案件等重要的原始信息资源。

一、病历档案资源开发利用体系的构建原则

"医院病历的长期积累，形成了数量浩大的病历档案。"① 为完善病历档案的开发利用，可通过构建病历档案开发利用体系，从资源整合、法规、技术、评价指标等方面系统解决调研中发现的问题。在构建该体系时，需要坚持的原则如下：

第一，协同原则。由于病历档案资源散布于各临床、医技科室，存在归档周期不一、数量庞大、内容不完善等问题，病历档案管理部门应与各临床、医技科室之间加强沟通协调。

第二，便民原则。病历档案内容与公民利益休戚相关，因此开发利用体系应在法律制度、服务内容、利用方式等方面充分体现出为民所用的理念。

第三，法治原则。建立病历档案开发利用体系的前提之一是国家或省档案行政管理部门有病历档案开发利用的相关法规。目前，病历档案开发利用工作在"统一领导、分级管理"体制下多在相关规章的要求下开展。随着社会文明程度的提高，规章逐步将无法满足公众的需求，限制了病历档案开发利用体系的长足发展，因此现阶段工作指导在利用规章的同时，应积极稳妥推进相关法规建设。

---

① 毕朋朋. 医院病历档案管理存在问题及对策 [J]. 档案管理，2019，(05)：93.

第四，灵活、效益原则。灵活性主要是指病历档案作为一种专门档案，其内容可能会随着民生的发展而发生变化，因此应灵活构建病历档案开发利用体系。效益性则针对病历档案较为分散的存储现状而言，短期内完成资源整合的难度系数较大。因此在病历档案开发利用体系的实践中须坚持效益优先的原则，既能满足公众利用需求，又能做到不浪费。

二、病历档案资源开发利用体系的构建内容

（一）病历档案资源体系

病历档案资源体系是在开发利用体系内对档案资源进行需求分析、信息组织及法规导向的作用下形成的，其成果最终又流向利用体系，满足不同的用户需求。它有两种来源：

第一，医院产生的病历档案。此类档案医院和社会公众利用率都很高，各医院病历档案部门已有成熟的管理方式，如何充分开发以及做好数字化档案是目前亟须重视的问题。

第二，公民自身保管的病历档案。此类档案随着社会对民生的关注度逐渐加大而凸显出来。由于经济飞速发展引起人口流动加剧，且形成主体档案意识淡薄，目前对此类档案还缺乏成熟的社会管理经验和方法。

（二）病历档案利用体系

病历档案利用体系的目的是满足用户需求，信息组织体系的目的也是满足用户需求，二者不同之处在于利用体系重点是以法律制度为导向实现为民所用，而信息资源组织体系建设不仅注重法规建设，还须发展技术。

1. 病历档案的信息组织体系

对由医院产生的病历档案进行信息组织时，需要加强传统的档案信息组织。目前，电子病历档案正处于向无纸化迈进的过渡期，必须解决好电子病历档案管理的保真、保密、保存、保读取等问题，将电子病历档案常规保存的同时，转化为不易被篡改且易于识读的其他载体，进行异质备份。

大力发展大数据环境下信息组织方式，根据数字化信息组织方式灵活性较强的特性，加强构建电子病历档案的目录数据库，增加检索条目，这样既能保持原有实体整理体系，又能提高服务效率。

对于公众自行保存的病历档案，由于来源分散、种类多样，所有权归公民个人，因此，档案行政管理部门将其纳入行政目标管理，是信息组织体系的一种可行方法。具体做

法是充分发挥人的主观能动性，以对居民较为熟悉的街道居委会等为基点，通过需求分析建立资源库。另外，国家卫生行政管理部门在公民健康诊治方面出台措施，加强全国卫生机构信息化建设，从病历档案产生的源头控制收集，并利用大数据技术将全民健康档案统筹管理，方便相关部门和个人调取使用。

2. 病历档案的利用体系建设

从顶层设计上，国家本着便民的原则建立健全法律法规，各级医院则依据法律、法规制定出符合院情的规章制度。只有在有法可依、技术发展的情况下，方能使得"方便所有想利用档案的人"的思想贯穿病历档案开发利用的始终。

建立动态监控机制，对病历档案利用的动向、热点及时进行反馈，做出需求分析，进而对病历档案资源体系和信息组织体系进行适时调整。

拓展病历档案利用新思路，提出档案配送服务这种新的利用模式，这一模式更突出了档案利用的主动性、开放性和社会性，为病历档案利用工作多样化提供了思路。在健全法律法规的前提下，及时调整病历档案信息组织体系，积极拓宽利用方法，多方协同使病历档案利用工作形成良性循环。

（三）病历档案评价体系

当前对病历档案开发利用体系的评价，主要集中在对服务效益的评价上。参照档案馆评价指标，档案馆绩效主要指档案馆收益与档案馆投入之间的比值；档案部门绩效评价就是对档案馆的人员、经费、设施设备、各种档案及管理活动所产生的各种效益通过一定的指标做出评价。

当前，我国档案界在公共档案馆服务内容评价上大致有三种观点：①傅荣校和刘玉芬等人认为主要是社会效益和经济效益；②档案服务绩效不应包含经济效益，经济效益已经包含在社会效益中；③对档案服务绩效进行评价是一个非常复杂的体系。持此种观点的人认为档案作为一种信息不会产生损耗，且档案信息具有现时价值和长远价值，这就存在一个现时效益和潜在效益的问题。对公共档案馆进行绩效评价，除了评价其经济效益和社会效益，还要评价其宏观效益和微观效益。

病历档案信息利用体系评价可主要设置的标准包括：

第一，病历档案年利用人次、卷次。这两项指标是病历档案资源利用体系中较重要的指标，它直接反映出病历档案受重视的程度，通过对利用人员的背景、利用侧重的统计可很好地分析出病历档案利用群体的档案意识、利用偏好、利用对象群体特征分布等信息，为进一步完善病历档案资源体系和利用体系提供了准确的数据信息。

第二，本单位年人均利用病历档案数及利用满意度。公民查阅所需病历档案信息的次数能够直接反映出公民的档案利用意识，也能反映主动服务方面的工作成效是否达到预期目的，用户满意度可折射出在利用上还有哪些方面需要完善，从而体现出病历档案资源利用体系建设状况。

第三，提供主动服务的力度。通过通报病历档案统计数据、开展专题展览、利用宣传等主动服务的次数可较好地体现提供利用的主动性。

第四，病历档案编研成果量。编研成果能够直观、全面地反映出馆藏的丰富程度与重要程度，也能更为方便、系统地被用户利用，并有可能从编研成果中产生新发现，从而提高病历档案的利用率。

第五，档案利用中的查全率与查准率。查全率与查准率反映档案部门的基础工作水平，病历档案利用中有较高的查全率和查准率说明该档案管理部门的基础工作较为扎实，利用工具制作比较完善、信息化程度较高，进而体现出良好的服务水平。

三、医院电子病历档案信息共享管理

（一）病历档案的信息共享

随着社会不断地发展与进步，现如今的社会是一个数字信息化高度利用的社会，信息资源在不断地共享利用，通过信息共享大数据时代的病历档案信息也在不断增加，病历资源可以更好地利用。共享就是信息的本质特征，建立完整的电子病历档案数据库不论是政府、医院还是医务人员都需要通过系统才能查看患者病历资料，而电子病历档案信息的共享有利于资源合理配置，提高资源的利用率。

第一，医疗机构与患者之间的信息共享。对于临床来说需要经过问诊、开检查单、查询报告、复诊或完成检查的患者报告、再开医嘱、核对复诊医嘱等模式，而电子病历档案信息共享可以通过查询患者历史病史及医嘱、调取影像、检验历史及本次报告结果，能加快就医速度，节约医疗成本。

第二，医疗机构内部的资源共享。医疗机构的电子病历系统能满足各业务部门的需求，做到数据的全院共享化，方便医院统一管理。在电子病历档案生成之前用户可以对信息进行加工处理，生成档案之后医疗机构内部可以通过档案的共享对数据进行分析研究，可以分析疾病发生和研究产生的原因，并探讨治疗结果。随着现在信息技术的不断完善和更新，患者病历档案的电子化管理逐步升级，更多的医疗数据被存储下来为科学研究提供了数据来源和便利。

第三，医疗机构之间的信息共享。信息共享的范围从医疗机构内部转向医疗机构与其他医疗机构之间，是一个更高的提升，实现医疗机构之间的信息共享一定是大范围的电子病历系统。分级诊疗、双向转诊最能体现医疗机构之间的信息共享。

第四，医疗机构与医保之间的信息共享。实现电子病历档案信息共享后，医院和医疗保险公司可以直接实现电子结算及电子签退。医疗保险公司能获取患者诊疗诊断、病历记录、手术信息、医嘱处方、检查检验及报告结果内容，便于掌握投保人的真实医疗信息。另外，在对所记录的患者用药情况可以实现医疗保险的控制功能，让临床不滥用职权开大处方，让患者少跑一趟，提高保险公司工作效率。

（二）医院电子病历档案信息共享的重要性

实现医院电子病历档案信息共享是当前信息化社会的需要。互联网技术在我国发展得非常迅速，现在的社会是信息化社会，老百姓在生活、工作中接触到的信息化生活管理、业务管理的体验不在少数，基本适应了通过互联网带来的生活、工作的便利。现在的人们也习惯了通过互联网进行浏览、检索、获取所需的信息。另外，国家先后制定出电子病历的数据标准、书写规范、系统功能等政策，也做出了相关指导意见，要求医疗机构建立以电子病历为核心的医院信息系统等。所以，为了顺应我国医疗信息化深入发展要求及提高市民就医的体验度，以电子病历信息建设为核心，大力发展网络信息化技术，实现医院电子病历档案信息资源的共建共享是必需的。

（三）医院电子病历档案信息共享管理的优化措施

1. 增强机构电子病历档案信息共享的驱动力

（1）增强医院内部对建设电子病历档案信息共享的驱动力，这是需要医院领导重视起来的。为了加强医疗机构信息共享驱动力，现给出以下四大方面建议措施：

第一，各医疗机构先对自身的信息系统进行可共享化评估，结合实际的资金、人力等情况先进行内部的信息互相共享改造。

第二，医院可以直接与卫生管理的相关部门实现信息共享，通过这样的措施来让医院与卫生管理部门有更好的联系，也便于信息的集中共享与管理。

第三，医院也需要和患者之间建立良好的共享机制，以此让患者对自身的问题有更加全面的认识，并且方便患者后期的调配。

第四，医院的电子病历系统还需要与当地的医保系统或以外地区的医保局共享病历，通过与医保部门的共享，让信息更加方便地传输。

通过以上的措施可以增强医院内部对建设电子病历档案信息共享的驱动力。

（2）对于医院外部，也必须增加对医院的支持力度和驱动力。政府相关部门应该加强对医院的系统的规划引导，在资金充足的前提下适当地给予县区级医院倾斜。

（3）对于增强医院共享病历的驱动力还应该有老百姓的配合及相关技术的支持。根据论文问卷调查数据显示，有部分患者对于电子病历的普及现阶段存在一定的疑惑及无知，也有出现老年患者对于新事物使用的操作性很差的情况，这需要政府及医疗机构的相关部门做好一定的宣传，增强以患者为中心的服务理念，最后让电子病历推进得更加顺畅。

2. 加强医院病历信息共享平台建设

（1）完善与医院共享病历的共享范围。病历作为医疗档案中的最为重要的部分，就目前的电子化以及网络化程度还是远远不够的，因此医院必须建设有自身内部信息特色的共享平台。

第一，建成面向医疗业务的信息系统。首先需要全面开展实名制的医疗档案信息整合体系，建立唯一标识有效管理档案数据；其次面对多样化的生产条件，需要准备合适的数字化医疗设备，更加高效地利用计算机网络平台，以及基本的信息系统。

第二，建立市级统一的信息平台。先让区县级的医疗机构整合现有的信息系统，形成以电子病历系统为核心的数据中心。数据需要采用标准化、结构化的方式存储，同时保留了对外接口方便管理和扩建，当然还必须采用相应的信息安全技术保障信息安全。之后，按同样的标准再由医院以一对一或一对多的形式与其他医疗机构建立共享平台，这样可以使电子病历更加高级。当然，医疗信息集成数据的采集亦需要在相应的医院中提取，并且通过医院内部的 XML 语言来进行翻译和完成信息的转换，最后可以形成一个完成的电子病历基本数据集的平台。

第三，医院也必须控制医疗方面的核心数据的准确度。就目前的信息质量反馈来看，大部分的医疗信息质量依然是让人堪忧，很多的问题暴露出来，比如病历的档案中出现了复制的错误，有些有时间要求的检查也未能按时间有效完成，还有一些病历的资料不完整或者是病历的书写不够规范，以上问题都会导致医疗档案的质量问题。所以为了要保证医疗信息的完整性，必须根据相关规定的内容与电子病历数据库中间的信息进行相关的匹配，一旦出现了错误的现象，误判的情况就会很严重。同时，在做医疗档案的访问的控制的时候，电子病历系统也会对访问者的身份进行筛选，一旦发现有问题的情况会自动进行甄别。

第四，在使用电子病历的时候也要对时效性进行控制，在系统提示已经到时间但是却没有完成的病历要及时进行补充完善。

（2）统一信息共享平台建设的标准。信息共享平台的标准不仅包括数据分类标准，还包括数据传输标准和电子病历模式标准等。在增强医疗机构内部系统的驱动力后，对实现信息共享时需要电子病历内部子系统之间、电子病历和其他医疗系统在交换数据时扫清共享障碍。由于电子病历共享平台建设容易受到医疗机构基础条件、技术能力差距等影响，需要有针对不同层次的电子病历共享的方式方法。使用一个统一的标准有利于减少系统间的矛盾，使各个数据共享可以更加安全高效。

（3）确定电子病历共享内容。由于电子病历的档案中有多种多样的类型的文件，患者的医疗数据完整性差，建议各相关部门可以根据实际的需求，制定符合性高的信息数据共享范围文件、技术规范文件和数据安全管理文件。让医疗机构在有规范标准的前提下，有计划地实施，不可盲目将数据无分类整理地共享。对于历史较久的诊疗数据，可以采用纸质病历数字化图片的方式进行电子化存储，考虑到数据量的庞大对服务器的压力，可以要求各机构上传近几年病历为主建立对共享平台年份访问限制。

（4）确定病患的标识。根据相关的法规政策，需要为每一个病患确定一个唯一的身份标识（例如身份证号码、护照号、社保号等），同时医保患者也需要同步接入卫生医疗保险信息管理网络中，实时交易。通过唯一的身份标准以及标识性的唯一，避免重复信息。所以应该通过网络以及现实的形式来确定身份的唯一性。关于电子病历档案的网络形式和现实形式，都是非常必要的。可以通过和相关的证件相配合来达到这样的作用。

3. 加强医院病历信息共享的安全管理

（1）保护病患的隐私不泄露。电子系统必须通过相关的法律法规严格保护所有病患的个人信息；必须对可以接触到电子病历的人实行具体的操作权限的设置。通过一系列的权限，从而可以防止隐私的泄露问题。但是对于医务人员，也必须设定相应的政策，严格保护病人的隐私，并且应该与奖金制度与职业晋升制度挂钩。另外，还须加强网络安全，确保网络不被轻易攻击及瘫痪，不让黑客直接或间接地获取医疗数据用于非法的用途。

（2）完善共享信息平台的权限设置。医疗信息档案的信息共享要从多方面考量：一是医院与医院之间的共享是必要的；二是医院与卫生管理系统的信息共享；三是医院与政府相关管理部门之间的共享；四是医院与医保单位的相关信息的共享。共享信息平台建立之后，有关数据的安全性问题凸显出来了。

（3）防范病毒与黑客侵入。防范病毒与黑客侵入的建议措施：

第一，加强网络安全、信息安全防护意识。医疗信息网络管理员必须对院内及涉及对接的院外系统非常清楚，包括各个系统设计内容，数据库名称、地址、域名，计算机的防火墙安全设置等。建议医院使用安全性较高的办公软件，禁止院内计算机使用 USB 接口。

第二，对信息网络做实施监控措施。在计算机的使用过程中，需要网络管理员对局域网的多台设备进行实时监控，当出现异常情况能及时报警以保证计算机的网络安全。医院在院内各个端口及服务器管理上做好入口监测，在出现与用户操作不符的情况时监控平台能实时向管理员计算机发送消息，并能随时定位，这样能够帮助用户避免风险，保障医院利益的安全。

第三，加强软件系统和硬件系统对接的安全防护。由于现在业务需求及政策需求在不断地改变，系统的更新频率非常高，对外的数据共享范围也越来越大，所以在做系统对接的过程中一定要做好数据的安全防护，可以通过加密或权限的分配控制使用者的人数，网络的内外线分开走，当出现病毒、黑客入侵时，对数据的分析加大难度，能在短时间内发现问题及时干预处理。

4. 健全相关法规、政策

国家除了已建立的法律法规外，还须对当前电子病历的信息共享方面给出明确的法规、政策，让医院和职能部门能更好地落实电子病历信息的共享，保障机构和患者直接的合法权益。

针对泄露数据的工作人员、医疗机构及获得患者数据的单位，要进行问责追究，建议卫生健康委建立问责制度，加强行业自律。同时根据情节的严重程度，采取不同程度的惩罚措施，若情节触犯国家法律、法规的应坚决严惩。

5. 培养电子病历的专业技术人才

对于电子病历的信息档案共享和平台的建立，还是需要综合型的人才。但是不仅仅需要具备相关的计算机基础，也需要熟悉相关医疗的问题，需要有医学常识，除此之外还需要有档案学的相关知识。

对于如此的专业人才，必须通过学术的培养，可以在相关医学院设置综合专业，或者结合相关课程，让所有的人更早地接触所有的相关内容。但是所有的培养也需要国家的相关政策支持，首先是人才培养的资金支持，人才的培养需要更多的资金，所以国家和政府的重视也才能够把工作放在一个新的高度上。同时也要注意对相关专业人才的培养，对专

业的技能还是要设置相应的人才训练措施，以此来获得更好的培养效果。

第二节　医院科技档案资源开发利用工作的思考

科技档案是指与科学技术有关的档案，它是各类社会组织、国家机构等在社会活动中形成的具有重大价值的科技文件资料。科技档案不仅是保护知识产权、维护个人信息利益的重要支撑和依据，也是使科学研究活动不断向前推进和实现科技创新的基础。

一、医院科技档案资源开发利用的意义

第一，有利于促进科学技术转变为现实生产力。现代社会的稳定有序发展离不开发达的社会生产力，通过开发利用科技档案资源，对医院之间的技术交流来说大有裨益，把相关科学技术适当应用于诊疗过程中，能进一步提升工作效率。科技档案资源本身具有数量大、系统性强等突出特点，所以在实际利用科技档案资源的时候，必须确保资源的完整性和系统性，以使其功能得到充分发挥。

第二，有利于实现科技档案资源的共享。加强对科技档案资源的开发和利用，摒弃传统的档案管理模式，把重点放在对档案资源信息的管理上，采用各种新兴技术建立一整套完善化、高效化的科技档案管理系统，可实现档案资源管理的信息化，进而推动科技档案资源信息共享的实现。

第三，有利于提升档案资源信息的有效性。档案资源信息的有效性是确保其利用价值的前提，要最大限度地提升档案资源信息的有效性，就必须考虑的内容包括：①考虑到信息供给的实效性；②考虑到企业本身的实际需求；③考虑到资源信息潜在的利用价值。通过对科技档案资源进行开发利用，针对用户的实际需求，深入探索有价值的档案资源，并按时将资源信息提供给单位或个人，这样就能在很大程度上提升档案资源信息的有效性。

二、医院科技档案资源开发利用的对策

（一）更新观念，增强开发利用意识

医院要实现科技档案资源开发利用水平的提升，最重要的就是更新传统的档案管理理念，进一步增强开发利用科技档案资源的意识。这就对科技档案管理工作人员提出了更高

的要求，相关人员要积极学习有关互联网时代下有关科技档案资源管理的新理论、新技术。我国科学技术的飞速发展，使得科技档案资源的开发利用具有更加完善的技术条件和实现方式，特别是计算机网络技术的诞生，为信息的高速流动提供了有利条件，同时也进一步完善了科技档案资源信息的传递模式，让各类信息的传播更加灵活、高效，并且突破了时间和空间的限制。科技的创新和时代的更迭，客观上要求档案工作者适时更新传统的管理理念，打破思想桎梏，积极主动地学习新思想、新技术，提升科技档案资源开发利用的意识，进而最大限度适应互联网时代下科技档案资源开发利用与管理工作的需要。

（二）实现开发利用体系的集成化

对于目前的数字档案室建设、档案资源共享化建设来说，集成化服务理念是一个至关重要的武器，它对进一步提升科技档案资源开发利用工作成效来说具有极大的借鉴意义。集成主要涉及两方面的含义：①其他相关单位与本单位的科技档案资源平台的集成，以促进科技档案资源的社会化、系统化服务；②科技档案资源管理部门之间的集成，以促进机构内部各部门资源的综合性、完整性开发。前者主要涉及大范围内多个机构的协调和统一，后者则主要涉及机构内部的协调统一。

随着互联网技术以及各类网络社交软件的大规模运用，科技档案资源的集成化建设也拥有更加完善的技术条件，通过打造集成化科技档案资源平台，可实现各种科技档案资源在不同人员之间的二次利用，并进一步深入挖掘科研报告的价值，分析相关的咨询报告，为管理者决策提供更加科学的参考依据。

（三）建立健全的科技档案管理体系

科技档案资源的管理工作对于其开发利用来说具有重要意义，只有构建一个完善的科技档案管理体系，才有可能实现科技档案信息资源开发利用水平的提升。从目前我国科技档案管理工作的现状来看，要打造一个完善的档案管理体系，必须从以下方面着手：

第一，应建设一支高素质的科技档案管理工作团队，切实做好对科技档案开发与管理人员综合素质的培训工作，培训内容应当包括与科技档案管理和开发有关的理论性知识和实践技能，同时，还必须定期对工作人员的培训效果进行考核，以及时发现问题，改进培训模式，这样就能有效提升科技档案工作者的综合素质与能力。

第二，应适当运用现代化管理技术和方法，构建一个系统化、高效化的管理体系。因此，档案部门应当进一步强化管理，制定科学合理的管理策略，加强对相关人员工作的监督和控制，保证科技档案的系统性、完整性，进而提升档案信息资源的综合质量。

第三节　医院综合档案室信息资源的开发和利用

随着社会经济的快速发展和科学技术的不断进步，各类信息资源得到了广泛的开发与利用。医院综合档案室作为医院的重要组成部门，承担和管理着医院各类重要门类的档案。"医院综合档案是指医院在发展过程中各职能部门及临床各科室在其职能和业务活动中所形成、积累和归档保存的各门类和载体档案信息的总称。"[①] 实施医院综合档案室信息资源的开发利用，在新时期可有效提高医院服务水平及综合档案资源的信息化建设，从而为医院的管理与发展提供优质服务。

医院综合档案室是医院的重要组成部门，主要承担着医院科技档案、文书档案、医疗档案、财务档案、设备档案、声像档案、实物档案与死亡档案等的综合档案资源管理工作。随着计算机与网络技术的不断发展，医院综合档案管理也走向了信息化发展的道路，为新时期医院管理水平的提高提供了重要保证，特别是综合档案信息资源的充分开发利用，有效地推进了医院的可持续发展。

一、医院综合档案室信息资源开发利用的重要性

综合档案室是医院基础工作的重要组成部门，医院综合档案对医院各项工作的开展进行了客观、真实的记录，为医疗工作提供了重要的信息资源。加强综合档案信息资源开发利用，可有效提高医院管理水平并提供优质服务，具体表现在：

第一，加强综合档案信息资源开发与利用，可全面、有效地反映医院的历史。综合档案对医院每个时期的教学、医疗、设备、科研、技术与财务等进行了全面记载，通过综合档案可对医院整体工作轨迹进行完整、清晰的了解，有效维护医院的历史面貌，有利于医院的发展建设。

第二，加强综合档案信息资源的开发与利用，是医院开展各项工作的重要依据。如综合档案中的文书档案为医院领导层决策规划、政策落实、经验总结、历史研究、职称评定、医疗纠纷处理以及解决历史遗留问题等提供了大量原始的、有价值的、翔实可靠的参

---

① 张莉. 医院综合档案室的数字化建设 [J]. 中国卫生产业，2012，9 (04)：169.

考依据，促进了医院工作的顺利开展。

第三，加强综合档案信息资源开发与利用可积累并传播知识信息。医院作为专业性非常强的单位，会有大量的知识信息得以积累与传播，比如病案就对患者整个治疗的过程进行了详细记录，是医院的宝贵信息资源，更是教学科研的重要信息来源。一个病例的成功治愈，可为今后同样病情的诊治提供宝贵的参考依据，使诊疗工作少走很多弯路。

第四，加强综合档案信息资源开发与利用，可有效提高医院综合效益。如综合档案信息中的基建档案可对医院各项改造工程提供帮助，可以利用大量的基建工程图纸为医院门诊楼、手术楼等各项工程建设提供借鉴；利用会计档案信息可以为医院审计、账目核实与银行信贷等工作提供准确的依据，降低了医院的各项损失；利用医院设备档案可确保设备正常运转，尤其是面对医疗设备纠纷、付款与维修等方面的事项，可有效保证设备维修与交易的实施，降低不必要纠纷产生的可能，在提高医院社会效益的同时，也保证了医院的经济效益。因此，开发并利用综合档案信息资源是非常重要的。

二、医院综合档案室信息资源开发利用的策略

（一）加强医疗服务意识，促进档案开发利用

加强服务意识是档案信息资源开发利用的重要保障，需要医院加强科研服务、社会服务与临床一线服务，以适应医疗模式的转变，充分利用档案资源发挥服务作用。

档案管理人员要树立档案信息观念，加强综合档案服务与利用意识，并深入各职能部门与临床工作中，调查、整理和提供第一线材料，为医疗、教学与科研工作提供有针对性的档案信息，同时让各个部门认识到收集、整理档案的重要性，大力支持档案信息开发利用工作的开展，从而提高各部门的档案意识，确保档案信息资源得以充分的开发与利用。

（二）基于信息资源，建立档案管理制度

制度是部门管理工作需要遵循的规范性文件，具有较强的约束力与强制性。要加强档案管理，必须实行档案管理标准化、统一化与科学化，发挥医院档案的作用。档案从本质上说是一种信息，能辅助人们解决工作中的各类问题，降低工作中各类风险，档案管理系统在某种程度上也可理解为信息管理系统，把档案信息资源归入医院的整体信息系统里，可有效提高医院综合档案的开发利用效率。

（三）确保开发和利用效果，完善档案管理网络

医院大多是融医疗、科研与教学为一体的综合医院，其行政事务与临床业务工作均比较繁忙。为了确保医院综合档案建设的系统性与完整性，很多医院建立了档案管理网络，即由综合档案室牵头负责，在各科室设立兼职档案员，负责本部门工作中形成的有价值的文件材料的收集整理工作，并定期向综合档案室移交，这样可以确保归档文件材料的系统性与完整性，有利于档案信息资源的开发利用。

在档案信息资源开发利用中，档案管理部门应积极了解并掌握本单位医疗、科研与教学工作的整体形势与发展方向，充分了解不同时期、不同部门的工作任务，有效发挥档案人员的作用，指导并督促兼职档案员把各部门有关的档案信息与工作动态及时反馈给综合档案室，让档案信息管理人员能够做到心中有数，从而为各部门提供有价值的档案信息打下良好的基础。

（四）加强档案管理信息化建设，推动开发利用

随着市场经济的深入发展，对医院管理来说，加强医院档案的信息化管理是医院职业化与专业化发展的必然结果，更是提升医院竞争力的重要手段。实施医院综合档案信息化建设，可以提供电子信息查询系统，该系统具有范围广、效率高与速度快等优点，利用者可通过电子目录查阅相关信息，使档案信息的检索与使用更为方便。

综合档案资源信息化可以整合与共享医院的档案信息资源，通过医院的局域网，有效地扩展了综合档案的应用范围，使医院各部门可以按照自身的需求进行浏览及下载，有效提高了档案利用效率。档案计算机管理极大地方便了文件接收、查询、借阅与归还，而且计算机档案管理系统还可以提供档案收集、编目、分类及内容简介等功能，有效地推动了档案信息资源的开发与利用。

三、医院综合档案室信息资源开发利用的注意事项

（一）确保工作的综合性与独立性

在医院综合档案室管理工作中，应遵循集中统一管理的原则。人事档案与病历档案在医院发展中占据着非常重要的地位。只有对所有档案实施综合管理，才能真正发挥其应有的作用。综合档案室的管理工作是直属于院长办公室的，综合档案室应积极了解医院的科

研与管理动态，根据医院实际工作的需要，充分开发档案信息资源；档案工作主管部门要保持档案管理部门的独立性，增加专职档案管理人员，逐步将档案工作人员从繁重的档案整理和事务性工作中解放出来，保证档案收集、整理和归档工作质量，使他们有更多的时间进行档案信息资源的开发与利用工作。

（二）注意资源的系统性

在档案信息资源开发利用中，要注意保持综合档案资源的系统性。系统性主要是指确保文件材料之间的有机联系，使档案案卷之间与文件之间都能够达到连贯系统、先后有序。

依据医院档案管理的要求、规律与内容等，医院综合档案的类型包括：

第一，文书档案与基建档案分类，文书档案可分为行政后勤、党群工作、计划财务、科研教学、医疗管理、人力资源与采购供应等；基建档案可分为基建项目、业务用房、综合用房与辅助用房等。

第二，设备档案与科研档案分类，设备档案可分为治疗设备、辅助设备与诊断设备等；科研档案可分为内外科、妇产科、五官科、影像科、护理科、药剂科与儿科等。

第三，照片档案分类，主要分为医疗、行政与党群等。通过对综合档案进行分类编目，可以形成规范、科学和系统的档案分类方案，提高档案的查询速度与准确率，有效提高档案信息资源的开发利用效率。

综合档案室作为医院重要的基础管理部门，其作用是非常重要的。随着医疗卫生事业以及市场经济的快速发展，档案信息资源在医院管理中所起的作用越来越重要，医院对档案信息资源重要性的认识也日益提高。大力加强档案信息资源的开发利用，提高档案管理人员的综合素质、服务意识，运用新技术实施创新，尤其是网络信息技术的引进和应用，使医院档案信息资源得到了更广泛的开发，档案利用效率明显提高，极大地提高了医院的社会效益与经济效益。

第四节　传染病专科医院档案信息资源开发利用

为了更好地与传染病医学的快速发展相适应，作为医院的档案管理工作者来说，要对观念进行更新，使传统被动服务的档案管理方式得到创新，提高档案管理的信息资源开发和利用意识，对档案管理的途径进行疏通，让档案管理形式得到创新和拓展，多和临床科室进行交流沟通，吸取科室建议，对学习动态给予密切关注，进而进行相关课题研究，重视对档案资源利用规律与特点的总结和归纳，提高档案资源需求预测的能力，为临床医、教、研等提供服务。

对于传染病医院来说，在对档案进行保存的同时，还要给流行性疾病的监控，传染病预防的宣传、防控以及卫生发展规则和医疗保险等方面提供相关的资料和数据，对职业病的防治、公共卫生事件的应急管理、新发传染病的研究和控制等发挥了巨大的作用，为社会和广大民众的健康发展做出了突出贡献，具有很好的社会价值。传染病专科医院档案信息资源开发利用的策略如下：

一、强化宣传，增强全员意识和积极性

为促进传染病专科医院档案信息资源利用率的提高，档案管理部门一定要重视增强档案管理和开发利用的宣传意识，让传染病专科医院的各级人员增强档案管理的意识，提高档案信息的知晓率。作为传染病专科医院管理者来说，要基于顶层设计对管理制度进行完善，促进传染病专科医院档案信息资源开发利用活力的激发。基于制度视角创建档案开发利用成果反馈以及量化考核激励相关机制，使各职能部门积极参与其中，进而增强医院全员对档案信息资源开发和利用的积极性。

此外，要坚持请进来和走出去的原则。利用周会或是院报等方式强化对档案馆藏内容的宣传，或利用定期印发编制的材料以及展览等形式，向医院的管理人员以及医务人员进行宣传，使其对档案信息资源的内容和性质充分了解，引起对档案资源利用和管理的意识。

二、医院档案资料的管理工作

第一，档案资料是档案管理的根本，要做好对新门类、新载体以及特色档案的收集存档工作，从而让医院档案馆藏的信息资料更加丰富且特色鲜明。

第二，要主动做好立卷和归档工作，保证档案信息资源的完整性。

第三，传染病专科医院来说，面对市场的竞争，各个科室部门都要树立强烈的档案管理意识，要对档案管理制度进行严格落实，确保各科室部门依照相关要求进行档案的归档，并及时主动把文献资料上交给档案室。

第四，要对传染病专科医院档案收集的范围进行扩展。一方面，作为档案部门来说，

应该主动参加到临床科研以及其他重大活动中，对医院和学科发展方向及动态及时了解，强化收集和存储相关内部信息；另一方面，要重视多个途径从同行中获取相关信息，对行业发展的最新动态及时了解，使医院相关档案资料储备得到扩充。

第五，要对传染病专科医院档案进行编制，要紧密结合当前医院以及未来医疗技术发展、科研和各方面管理工作的实际状况，基于原文编制形式多样的档案信息，例如以专题形式编制汇编、以提要形式文摘等，使其成为信息半成品，可以高效快速给需求者提供层次多样的档案信息，减少用户对信息进行收集的时间，促进工作效率的提高，促进医院各方面工作顺利开展，这是档案信息资源服务医院各个方面最重要的方式，同时是对档案信息资源进行开发利用的重要方式。

三、创新档案信息资源服务

档案信息资源的重要价值是对用户所提供的服务中呈现的，而服务是由用户的需求决定的。为了对档案信息资源进行全面开发，作为传染病专科医院档案管理部门来说，要综合应用多样化的服务方式，使用户的需求得到最大限度的满足。

第一，要确保档案服务的个性化和专业性。因为用户对档案资料使用方面具有不同的习惯，为了更好地满足不同用户的需求，档案管理部门可以结合用户的需求以及信息使用习惯，对其潜在的需求进行挖掘，同时主动为其提供可能需要的相关档案服务。此外，还要开展具有较强实用价值以及针对性的档案编制活动，通过编制具有较强实用性、特殊性以及专业和时效性的档案编研成果，让用户的需求最大限度地得到满足。

第二，要确保档案服务的及时化。作为医院中的重要资料，要高效地对医院的档案信息资源进行开发利用，确保及时对各类工作文件进行归档，同时快速对其加以分类，而后再结合有关岗位需求与工作环节，通过订阅或是推送的方式，及时把档案信息资料发送给相关人员。

第三，增强档案服务的主动性。为了使传染病专科医院档案管理工作可以更为高效、多样化地为用户服务，一定要充分利用网络的发展，对服务方式进行创新和完善，改变过去被动服务的状态，基于用户的需求，对档案信息资源进行整合、开发。目前医院档案服务工作正积极尝试改善服务医院档案信息的价值与开发利用，提高档案信息服务的灵活性与适应性。

第四，基于网络信息技术对档案资源进行激活，补齐资源短板。传染病专科医院必须重视档案管理中信息技术的应用，基于网络信息技术激活档案资源的升级，完成档案存档的数字化，进而利用信息技术构建健全的检索体系，编制出功能多样、角度多元，且实用、系统的检索工具，从而使档案检索的时间大大缩短，促进档案搜索和查准率的提高，让档案信息资源真正适应时代发展需求，利用数字档案的发展满足广大用户对知识获取的需求，使档案信息资源的增值作用得到发挥。

参考文献

[1] 毕红波，郑海亮. 医院后勤"一对一"管家服务理论研究 [J]. 中国医院，2021，25 (09)：86-88.

[2] 毕朋朋. 医院病历档案管理存在问题及对策 [J]. 档案管理，2019 (05)：93.

[3] 陈爱云. 新形势下医院档案管理的新思路 [J]. 黑龙江档案，2022 (02)：236-238.

[4] 董聪颖. 穿梭千年：数字人文对档案信息资源开发利用的影响 [J]. 档案管理，2018 (02)：11-14.

[5] 董玲. 传染病专科医院档案信息资源开发利用探究 [J]. 办公室业务，2021 (08)：101-102.

[6] 方鹏骞，闵锐，张凤帆，等. 对建设中国特色现代医院管理制度的思考 [J]. 中国医院管理，2018，38 (01)：1-4.

[7] 方鹏骞，王一琳，张凤帆，等. 关于现代医院管理制度中医院章程的思考与建议 [J]. 中国医院管理，2018，38 (01)：5-7.

[8] 何伟. 新常态下做好医院档案信息资源开发与利用的策略研究 [J]. 办公室业务，2016 (05)：97.

[9] 胡燕平，焉丹，杨学来，等. 某三甲医院医疗设备档案信息化管理的应用分析 [J]. 中国医院管理，2019，39 (03)：74-75.

[10] 黄富才. 区域性开放背景下的医院档案数据共享研究 [J]. 档案学研究，2021 (05)：145-148.

[11] 姜瑞博. 医院科研档案管理现状及改革意见——评《新时期医院档案管理与发展研究》[J]. 中国油脂，2022，47 (05)：164.

[12] 赖国梁，王二龙，陈国，等. 医院建设项目流程管理研究 [J]. 建筑经济，2022，43 (04)：45-52.

[13] 李华芳. 浅谈制定医学科研计划的基本原则 [J]. 中国卫生事业管理，1988 (04)：39-41.

［14］李立国，魏君．"互联网+"环境下医院人事档案管理策略探讨［J］．中国医院管理，2019，39（09）：72-73．

［15］李晓丽．大数据背景下医院档案管理信息化建设初探［J］．中国档案，2020（09）：40-41．

［16］李亚琼．浅析医院人事档案管理的规范化措施［J］．办公室业务，2019（16）：170．

［17］李阳阳．医院电子病历档案信息共享管理现状与优化策略［J］．档案管理，2022（02）：86-87．

［18］梁伟业，辛立敏，白璐源，等．基于电子病历的医院病历档案管理实践［J］．中国档案，2018（08）：42-43．

［19］林炜炜，蒋帅，吕国晓，等．我国公立医院医院后勤管理现状的调查与分析［J］．中国医院管理，2018，38（05）：75-77．

［20］刘珂．病历档案资源开发利用体系的构建［J］．办公室业务，2018（23）：58-59．

［21］龙东波，李宁，王宇，等．大型公立医院医院档案信息化建设实践与探讨［J］．北京档案，2020（07）：39-41．

［22］马娜．开发利用档案资源为医院的改革和发展服务［J］．兰台世界，2014（S2）：135．

［23］毛永青．医院档案管理业务流程优化途径探究［J］．科技资讯，2022，20（06）：224-226．

［24］莫家莉，史仕新．三线建设档案资源开发利用研究［J］．西南民族大学学报（人文社会科学版），2021，42（11）：221-228．

［25］倪翠玲，辛红霞，杨玉成，等．大数据下医院人事档案利用初探［J］．档案管理，2020（06）：123+125．

［26］牛力，刘慧琳，曾静怡，等．数字时代档案资源开发利用的重新审视［J］．档案学研究，2019（05）：67-71．

［27］庞婷，朱平华，彭蓉，等．现代医院管理制度下公立医院医院决策机制的构建［J］．中国医院管理，2019，39（02）：1-3．

［28］秦环龙，范理宏．现代医院管理实用操作指南［M］．上海：上海三联书店，2017．

［29］石景芬，冯弋，黄薇，等．现代医院管理制度内涵及医院的实施路径［J］．中国医院管理，2020，40（01）：1-4．

［30］孙德卿，张婧，陈琦，王跃．新时期医院医疗设备档案管理策略［J］．生物医学工

程学进展，2020，41（01）：52-54+62.

[31] 唐丽华. 信息化背景下档案资源开发利用探究 [J]. 中国档案，2020（07）：62-63.

[32] 唐丽琴. 医用耗材的档案管理途径探究 [J]. 办公室业务，2016（17）：85+87.

[33] 张莉. 医院综合档案室的数字化建设 [J]. 中国卫生产业，2012，9（04）：169.

[34] 王维娜. 新时期医院综合档案室信息资源的开发和利用分析 [J]. 机电兵船档案，2013（02）：44-46.

[35] 王欣宇，刘延梅. 档案资源开发利用在医院改革中的作用 [J]. 兰台世界，2010（22）：55+11.

[36] 王莹，倪紫菱，周利华，等. 基于利益相关者分析的现代医院管理制度实施策略 [J]. 中国医院管理，2018，38（07）：5-7.

[37] 伍娟. 医院科研档案管理工作中存在的问题及对策分析 [J]. 办公室业务，2021（17）：124-125.

[38] 武广华，苏宝利，刘典恩，等. 医院管理学 [M]. 济南：山东人民出版社，2010.

[39] 武辉. 人才流动背景下医院人事档案管理的完善对策 [J]. 档案管理，2019（06）：89-90.

[40] 杨凝，李清林，赵希彦，等. "互联网+" 视域下肿瘤专科医院科研档案电子化管理的实践及思考 [J]. 中国肿瘤，2021，30（07）：535-538.

[41] 余平，祝芳芳，戴智敏. 公立医院医院后勤外包风险控制策略研究——从医院内部审计的角度 [J]. 卫生经济研究，2021，38（09）：77-79.

[42] 张会超，李文以，朱兰兰. 档案开发利用教程 [M]. 沈阳：辽宁大学出版社，2014.

[43] 张慧利. 医院档案管理及其发展研究 [M]. 成都：电子科技大学出版社，2017.

[44] 张年，余昌胤，袁成菊，等. 我国现代医院管理制度的研究热点及趋势分析 [J]. 中国医院管理，2019，39（02）：62-64.

[45] 张鑫. 现代档案管理实例分析 [M]. 北京：科学技术文献出版社，2018.

[46] 张震霖. 档案管理价值体系研究初探 [J]. 兰台内外，2021（10）：70-72.

[47] 赵莉娟. 关于互联网时代医院科技档案资源开发利用工作的思考 [J]. 兰台内外，2018（06）：15-16.

[48] 周耀林，吴化，刘丽英，等. 健康医疗大数据背景下我国医院档案管理研究：需求、转变与对策 [J]. 档案学研究，2021（06）：78-83.

[49] 杨霞，顾爱花，谢雄彬. 医院文化建设传承发展的实践与探索 [J]. 中国医院管理，

2020，40（12）：100-101.

［50］吴烨，张勤，周典．医院管理人员的绩效考核探讨［J］．中国医院管理，2010，30（11）：79.